Como Caçar
FANTASMAS

JOSHUA P. WARREN

Como Caçar

FANTASMAS

GUIA PRÁTICO PARA PROSPECÇÃO,
IDENTIFICAÇÃO E COMUNICAÇÃO COM FANTASMAS

M.BOOKS DO BRASIL EDITORA LTDA.

Av. Brigadeiro Faria Lima, 1993 - 5º andar - Cj. 51
01452-001 - São Paulo - SP - Telefones: (11) 3168 8242 / 3168 9420
Fax: (11) 3079 3147 - E-mail: vendas@mbooks.com.br

Dados de Catalogação na Publicação

Warren, Joshua P.
Como Caçar Fantasmas/Joshua P. Warren
2005 – São Paulo – M.Books do Brasil Editora Ltda.
1. Sobrenatural 2. Paranormal 3. Mistério
ISBN: 85-89384-58-6

Do original: How to Hunt Ghost
© 2003 by Joshua P. Warren
© 2005 M.Books do Brasil Ltda.
Todos os direitos reservados.
Original em inglês publicado por:
Simon & Schuster New York

EDITOR
Milton Mira de Assumpção Filho

Produção Editorial
Salete Del Guerra

Tradução
Júlio Monteiro de Oliveira

Revisão de Texto
Glauco Perez Damas
Vera Lúcia Ayres da Costa

Design
ERJ sob projeto original de Jaime Putorti

Capa
Douglas Lucas

Editoração e Fotolitos
ERJ Composição Editorial e Artes Gráficas Ltda.

2005
Proibida a reprodução total ou parcial.
Os infratores serão punidos na forma da lei.
Direitos exclusivos cedidos à
M.Books do Brasil Editora Ltda.

Dedico este livro a:

Minha família querida e amorosa, que sempre me deu infinito apoio...

Craig Madison e Dave Tomsky, do Grove Park Inn, que se arriscaram com um garoto...

L.E.M.U.R. Team, por tantos grandes amigos e aventuras de dar um frio na espinha...

E Bill Forstchen, que vasculhou o céu e mudou tudo...

Obrigado.

JPW

SUMÁRIO

Parte Um – Entendendo os Fantasmas 1

O Que É um Fantasma? 3
Entidades 15
    Auras 24
    Telecinese 28
    Telepatia 34
    PES Coletiva e Sincronicidade 36
    Morte 39
    Por Que uma Entidade Permanece nas Redondezas? 42
    Como um Fantasma Interage com o Mundo? 46
    Tipos de Entidades 68
Impressões 75
Distorções 87
Atividade Poltergeist 93
Naturais 99
Um Resumo sobre Fantasmas 107

Parte Dois – Caçando Fantasmas 111

Por Que Caçar Fantasmas? 113
Encontrando Fantasmas 119

O Que Procurar **127**

O Equipamento **135**
    Bloco de Notas e Utensílio para Escrita 136
    Lanterna 137
    Baterias ou Pilhas 137
    Relógio 138
    Bússola 139
    Medidor de Campo Eletromagnético 140
    Máquina Fotográfica 144
    Câmera de Vídeo 163
    Medidor de Infravermelho 166
    Varetas Radiestésicas 167
    Termômetro 169
    Walkie-Talkies 170
    Telefone Celular 171
    Pó e Plástico Preto 171
    Mira de Visão Noturna 172
    Amplificador de Áudio 174
    Gerador Eletrostático 175
    Luz Estroboscópica 178
    Gerador de Tons 179
    Kit de Primeiros Socorros 180
    Comida e Bebida 180

A Investigação **183**

Quando Você os Encontra... .... **191**
    A Comunicação com os Espíritos 191
    Limpando um Local de Atividade 198

Protegendo-se de Fantasmas **203**

Epílogo **209**

Apêndice I **211**

Apêndice II **213**

Fontes de Equipamentos 215
Glossário de Termos Paranormais 217
Bibliografia 221
Índice Remissivo 223

INTRODUÇÃO

Fantasmas são reais. Depois de ler este livro, você saberá como encontrá-los e estudá-los de maneira eficiente. Quer esteja buscando documentar a presença de espíritos ou tentando conseguir uma compreensão maior sobre o "outro lado", ou, ainda, limpar a atividade de fantasmas em um local, você encontrará ajuda neste guia. Sou investigador paranormal ativo há mais de uma década, e nesse período visitei centenas de locais "assombrados" e entrevistei milhares de pessoas. Usando técnicas científicas e jornalísticas de coleta de dados, consegui entender a atividade espiritual em uma escala realista. Por meio deste manual, compartilho minha experiência com você.

Em seu cerne, a atividade espiritual evoca questões complexas e filosóficas. Afinal, estamos lidando com outra faceta da vida e da morte. O significado derradeiro da vida, sua origem e seu destino, é talvez o maior enigma científico da raça humana. Com nossa tecnologia atual, não podemos esperar resolver esse mistério aqui. No entanto, embora não possamos identificar de maneira conclusiva o papel dos fantasmas no grande esquema da vida, *podemos* usar a ciência para documentar sua influência no ambiente.

Precisamos começar definindo o que é um fantasma. Por que um fantasma aparece? Quando você encontra um, o que isso significa? Iremos explorar teorias que podem ajudar a explicar como um fantasma é formado. Então, aplicaremos esse conhecimento – usando-o em conjunto com instrumentos a preços acessíveis e técnicas fáceis para estudar a atividade sobrenatural. A despeito do que você viu em filmes, não existe uma coisa como um "medidor de fantasmas", um dispositivo que registra um corpo fantasmal específico. A criação de tal instrumento dependeria de um entendimento completo da composição física única de um fantasma, algo que até o momento não existe. No entanto, os espíritos criam mudanças no ambiente normal. E é documentando essas mudanças que podemos localizar indiretamente os fantasmas. O método tem sido comparado a procurar pessoas em uma praia. Não estamos necessariamente procurando pelo indivíduo, mas, em vez disso, por suas pegadas na areia. Se encontramos pegadas, podemos especular quanto a suas origens. Eram essas impressões meramente um truque da água na praia? Elas foram causadas por um humano? Podemos ter certeza de que são pegadas humanas? Um caça-fantasmas necessita, portanto, de uma mente examinadora. Você precisa excluir todas as explicações convencionais antes de recorrer a uma explicação sobrenatural.

Pesquisar o inexplicado é em grande parte um processo de eliminação. Quando você não está absolutamente certo do que procura, como sabe que o encontrou? O melhor método é eliminar todas as possibilidades normais. O que sobrar é muito provavelmente o produto de um fenômeno ainda não compreendido pela ciência atual.

Embora a idéia de um reino espiritual tenha implicações de longo alcance, o propósito deste guia é fornecer instruções claras e concisas para ganhar resultados de pesquisa. É a mais simples e a mais completa introdução ao mundo do estudo espiritual prático. Esteja você procurando começar uma equipe de pesquisa em tempo integral ou apenas buscando responder a algumas perguntas pessoais, pode adaptar a informação aqui fornecida para se adequar a suas necessidades específicas.

Visto que, a cada dia que passa, nós nos aproximamos mais de solucionar os mistérios do universo, as informações contidas aqui podem ter um poder limitado. Conforme aprendermos mais sobre o reino espiritual, nossas maneiras de estudá-lo vão com certeza se desenvolver e amadurecer. No entanto, tais mudanças podem nunca ocorrer, a não ser que primeiro exploremos as técnicas mais básicas.

Passo a passo, você aprenderá como estudar a atividade de fantasmas nas maneiras mais elementares. O que você aprender deve ser aplicado aos meios novos, originais e inovadores de diminuir o abismo entre a realidade física e a espiritual. Se você se posiciona de maneira séria em relação ao estudo e ao entendimento de fantasmas, este livro é para você.

1

ENTENDENDO OS FANTASMAS

O QUE É UM FANTASMA?

Também chamados espíritos, aparições, visões, sombras, espectros, assombrações e visagens, os fantasmas podem ser definidos por nós de maneira livre como *algum aspecto paranormal da forma física e/ou presença mental que parece existir à parte da forma física original*. A palavra *parece* é essencial para a definição. A maioria dos encontros com fantasmas são avaliados apenas pelos cinco sentidos. Isso torna a maior parte das informações sobre fantasmas *subjetiva* (dependente da percepção limitada de um observador). É necessário ter cuidado para não tirar conclusões baseadas em evidências subjetivas. Evidências *objetivas* (dependentes de medição externa e imparcial, e que podem ser igualmente conseguidas por todos) são o pilar do conhecimento científico. Se você não excluir o convencional, alguém fará isso. Então, você passará por tolo.

Você e eu podemos nunca concordar quanto ao gosto de uma barra de chocolate. O que considero um gosto agradável pode fazer você se engasgar. Então, qual percepção da barra de chocolate está certa? O chocolate tem um gosto bom ou ruim? Como posso dizer que a minha língua tem prioridade sobre a sua, ou vice-versa? Eu poderia dizer que a maioria das pessoas concorda comigo, mas isso não significa que estou inerentemente correto. Houve um tempo em que a maioria das pessoas nos Estados Unidos acreditava que a escravidão era algo correto. No entanto, a percepção da maioria pode mudar com o tempo. O gosto de uma comida é um exemplo de informação subjetiva. Seu valor é limitado pela percepção única de alguém.

Por outro lado, se descobrirmos um conjunto de escalas e concordarmos quanto à sua precisão, podemos ter uma fé mútua nessa ferramenta independente. Embora nossas perspectivas sensoriais sejam únicas, as escalas nos dão um padrão comum e definitivo pelo qual documentar a realidade. Por exemplo, se colocarmos a barra de chocolate na balança, deve ser virtualmente impossível discordar de seu peso. Esse é um exemplo de evidência objetiva. É baseada em uma medição externa, e deve ser igualmente passível de ser conseguida por todos. O método científico é baseado no uso da evidência objetiva para estabelecer um conjunto de fatos sobre qualquer fenômeno dado. Embora essa seja a melhor maneira de conduzir a ciência verdadeira, também tem suas falhas. A informação reunida dessa forma só é válida na medida em que o são as ferramentas e procedimentos usados para consegui-la.

A tarefa de definir um fantasma é algo complicado porque você pode tornar indistinta a linha entre uma experiência subjetiva e um evento objetivo. Definir um fantasma em palavras é uma coisa; definir um fantasma na realidade é um pouco mais difícil. O que exatamente *qualifica-se* como "fantasmagórico"? Que tal uma luz na cozinha que liga e desliga sozinha de forma aleatória? Isso é um produto de um fantasma? É o trabalho de um humano morto fisicamente? Ou é o produto de algo totalmente diferente, talvez apenas algo simples como um interruptor com defeito? Que tal um bloco de ar gelado, movendo-se misteriosamente por uma sala que normalmente seria sufocante? Isso é algum aspecto de um espírito humano? Ou é algum tipo de peculiaridade rara e bizarra das condições atmosféricas? Qualquer um desses eventos, por si só, pode ou não ser considerado fantasmagórico. Mas e se, por outro lado, essa luz pisca na cozinha em que sua falecida avó costumava passar o dia? Ou se aquele bloco frio de ar flutua no quarto onde seu irmão se matou? De repente, esses eventos assumem novos significados possíveis?

Quando o homem primitivo observou pela primeira vez pedaços de ferro fugirem de ímãs, com certeza considerou isso fantasmagórico. Mas atividades fantasmagóricas nem sempre são causadas por fantasmas. Da mesma forma, um fantasma nem sempre causa atividades fantasmagóricas. Uma porção de manifestações espectrais nos rodeiam todos os dias, escondidas em reinos fora da percepção humana nua. Uma mente afiada é necessária para processar todas as possibilidades.

O dicionário *Webster* define um fantasma como um "espírito humano desencarnado". Essa definição é muito estreita. Animais, bem como objetos inanimados como barcos e automóveis, também têm fantasmas. Por exemplo, *O Holandês Voador* é um navio-fantasma que vem sendo visto navegando o Cabo da Boa Esperança há cerca de dois séculos. Quase todo produto de nossa existência foi presenciado, em algum ponto, como uma manifestação espectral. Portanto, as possibilidades são virtualmente infinitas.

Durante milhares de anos, os humanos têm vivenciado coisas que não são capazes de explicar. A maioria das religiões do mundo se baseia no conceito de um mundo espiritual, ou de uma dimensão invisível de existência que transcende nossa própria dimensão. Mesmo na *Bíblia Sagrada*, encontros fantasmais de arrepiar são descritos, como nesta passagem do Livro de Jó (4:15): "Um sopro roçou-me o rosto e provocou arrepios por todo o corpo".

No entanto, apesar de séculos de "encontros com fantasmas", tais episódios ainda são vistos como inexplicados. E é precisamente por isso que a ciência é necessária. Se vamos crescer em nosso entendimento, precisamos usar as ferramentas de nossas tecnologias mais recentes para separar fatos documentados de rumores e mitos. A despeito do que alguns podem acreditar, há realmente evidências científicas de que manifestações de fantasmas são reais. Neste manual, vamos nos concentrar em tais evidências e nas técnicas para obtê-las. No entanto, quando se trata de investigar esses assuntos, apenas dados não aumentam nosso entendimento. É necessário para você, como um investigador, interpretar os dados em relação às muitas variáveis históricas, emocionais, teóricas e no geral psicológicas que podem influenciar o significado de suas descobertas. Novamente, lembre-se do exemplo da luz da cozinha piscando. A atividade em si pode parecer insignificante, mas no contexto com a história do local o fenômeno pode ganhar novo significado.

Investigadores de fantasmas muitas vezes observam e documentam eventos inexplicados. No entanto, provar que tal atividade é produto de um fantasma é uma tarefa diferente. Presenciar uma variedade de atividades bizarras é uma questão; ligar os pontos para provar que tal atividade cai dentro da categoria de fantasmas pode ser uma questão diferente. Vamos esclarecer:

Uma vez investiguei uma mansão assombrada em New Orleans, na qual passos pesados podiam ser ouvidos à noite retumbando de cima a baixo nas escadas de madeira. A dona da casa, uma gentil senhora de cabelos grisalhos, não era incomodada pela atividade. "Você pode chamá-los de fantasma, mas para mim são apenas passos", disse. Realmente, ela estava certa. E um registro do fenômeno pode ser igualmente trivial – apenas passos. Mesmo se forem produto de atividade espiritual, documentados com a melhor tecnologia de hoje em dia, o que realmente provam? Mesmo quando você documenta de forma bem-sucedida um fenômeno não explicado, isso pode não provar nada sobre a fonte da atividade. Portanto, se não documenta a atividade cientificamente, você pode esquecer *quaisquer* chances de que seus dados sejam levados a sério.

Algumas vezes, no entanto, uma manifestação fantasmagórica é óbvia: uma aparição andando pela sala ou se comunicando de alguma forma. Por outro lado, é com freqüência mais sutil, ainda assim igualmente intrigante. Um sussurro breve e desincorporado no seu ouvido ou um toque suave e fugaz nas suas costas pode ser tão incrível quanto uma névoa andando em redemoinho pelo corredor. Fica claro que sua interpretação de tais eventos precisa ser pensada. Mas, de novo, para interpretar a informação de maneira correta, deve-se abordá-la de uma perspectiva inquestionavelmente *objetiva*.

O simples fato de estudar atividades extraordinárias não significa que você deva abandonar a lógica comum. Lembre-se sempre do princípio científico conhecido como Navalha de Occam: "A fim de definir um fato, assuma o mínimo possível"[1]. A explicação mais simples para um fenômeno é normalmente a correta, e, quanto menos você assume como ponto pacífico, mais sólidas serão suas conclusões. Por todo o texto, reitero a importância de sempre assumir essa abordagem.

---

1 Em latim, *Pluralitas non est ponenda sine neccesitate*, ou "pluralidade não deve ser colocada sem necessidade". Essas palavras, embora atribuídas ao filósofo inglês medieval e monge franciscano William of Ockham (ca. 1285-1349), eram um princípio comum na filosofia medieval. Foram associadas ao nome do monge pela freqüência com que ele citava essa afirmação. (N. do T.)

O Que É um Fantasma?

A busca de atividades de fantasmas é muitas vezes chamada de pesquisa "paranormal". O prefixo *para* significa "além". Portanto, o termo se refere ao estudo de *quaisquer* eventos além das ocorrências normais. Mas como definimos *normal*? Normal é qualquer fenômeno que pode ser explicado de forma satisfatória por leis e padrões físicos conhecidos e amplamente aceitos. Se um evento não pode ser inteiramente explicado por leis ou informações científicas conhecidas, cai na categoria do paranormal. Esse rótulo é muito mais amplo que o dos fantasmas, é claro.

Como um investigador paranormal, nunca deixo de ficar impressionado com quão pouco algumas pessoas entendem o que fazemos. A maioria das pessoas, quando pensa em coisas paranormais, evoca imagens populares de fantasmas, duendes, Pés-Grandes, óvnis, o monstro do Lago Ness e uma porção de outros assuntos esotéricos. No entanto, essas coisas representam apenas uma fração sensacional e altamente envolta em uma aura de ficção dentro daquilo que pesquisamos. Houve uma época em que relâmpagos eram considerados paranormais. Houve um tempo em que a visão de um jato correndo pelo céu teria instilado pânico e confusão no observador casual. Obviamente, tudo que aprendemos sobre o mundo em algum momento foi desconhecido. E ainda assim existem pessoas que insistem que não resta nada a aprender! Lembre-se da lenda sobre Charles Duell, o chefe do Escritório de Patentes dos Estados Unidos no final do século XIX: ele queria fechar o escritório de patentes em 1899 porque acreditava que tudo que podia ser imaginado já tinha sido inventado.

Como você pode ver, o mundo da pesquisa paranormal estende-se muito além de um especial de televisão no Dia das Bruxas. Mas o público tende a associar imediatamente uma imagem particular com cada ocupação, e o mundo do paranormal sempre produzirá visões que ecoam na noite. Por quê? Porque as pessoas sempre temem o desconhecido. E o desconhecido é o que estudamos.

Em seu livro *The Demon-Haunted World*, o cientista Carl Sagan declara: "Ausência de evidência não é evidência de ausência". Não havia nenhuma evidência clara de vida celular ou de bactérias até que o microscópio fosse inventado. Não havia nenhuma evidência clara do campo magnético da terra até que o compasso fosse criado. Os cientistas acreditavam que o celacanto, um tipo de peixe pré-histórico, estava extinto havia 65 milhões de anos, até que um deles foi pescado em águas sul-africanas em 1938. Antes desse dia decisivo, não havia evidência da existência do peixe. Quantos "dias decisivos" estão à espera? Em um sentido literal, não há realmente coisa como o supernatural ou o mágico. Estes são apenas nomes elegantes para um tipo de tecnologia natural que não entendemos atualmente. Em um momento no passado, um isqueiro pode ter sido considerado mágico e supernatural. Isso não significa que não é real, no entanto.

Como você pode ver, a necessidade de uma pesquisa paranormal não é apenas legítima; é também absoluta. Desta maneira, toda ciência é uma forma de pesquisa paranormal. A ciência é, em si mesma, uma busca para aprender – uma busca para conhecer o desconhecido; ainda assim, muitos cientistas convencionais chamam as buscas paranormais de "pseudociência". A maioria das ciências convencionais compartilha uma falha inevitável: sua necessidade essencial de se limitar a estudar a atividade de apenas uma certa categoria. Por exemplo, um biólogo está primariamente ocupado com objetos de estudo vivos, enquanto um astrônomo preocupa-se principalmente com corpos no espaço. Depois de milhares de anos de busca sistemática por conhecimento, a experiência humana coletiva nos permitiu criar ciências que investigam os aspectos mais freqüentes, comuns e visíveis de nossas vidas. No entanto, ainda há lacunas. Existem áreas cinza entre vida e não-vida, planta e animal, realidade e imaginação. E dentro desses campos ocorrem atividades bizarras que nenhuma ciência específica está disposta a adotar oficialmente em seu estudo. Essas atividades algumas vezes parecem desafiar as leis pelas quais a maioria do universo funciona. Se a linha entre a vida e a morte fosse clara como uma equação, não haveria controvérsia em relação ao aborto ou a aparelhos médicos que mantêm a vida, como um respirador artificial. Questões ligadas a esses dois assuntos desafiam de forma direta nossa capacidade de categorizar cientificamente algo aparentemente simples, e por si evidente, como a vida e a morte. De fato, podemos mesmo provar que um humano existe? Podemos documentar braços e pernas, olhos e dentes, batimentos cardíacos e fala, e até a personalidade. Mas isso é tudo que um ser humano realmente é? Ou há algo mais? Algo não tão evidente e ainda assim o mais importante de tudo?

Quando estuda o desconhecido, como você sabe se a atividade deve ser examinada por um geólogo, um físico ou um zoólogo? Um especialista em cada um desses campos pode nunca fazer um esforço para investigar um fenômeno questionável, ansioso para ver se vai se aplicar a seu campo. Embora a curiosidade possa com certeza estar lá, a maioria dos cientistas está ocupada o suficiente pesquisando as atividades que já conhece. No entanto, se formos realmente expandir o campo da realidade que estamos dispostos a estudar, alguém tem de fazer um esforço inicial para examinar esses fenômenos e decidir que campo ou campos podem ser mais adequados a aumentar o entendimento. Portanto, um bom pesquisador paranormal é alguém que tem uma familiaridade forte e geral com a maioria das ciências convencionais. Documentar fenômenos desconhecidos dá ao pesquisador a capacidade de reconhecer melhor quais ramos da ciência seriam mais úteis para estudá-los.

Infelizmente, há uma porção de pessoas ilógicas andando por aí e se autodenominando pesquisadores paranormais. Realmente, elas têm todo o direito de fazer isso, considerando que qualquer um com motivação suficiente pode investigar um assunto desconhecido. É de certa forma contraditório obter uma "certificação" para estudar o paranormal: como você pode ser certificado para estudar um assunto desconhecido? Portanto, em muitos casos, você acaba tendo pesquisadores autoproclamados que não abordam o assunto de um ponto de vista científico. Alguns deles são claramente pessoas instáveis, ou charlatães, mais interessadas em promover suas crenças do que em coletar evidências. Uma pessoa ruim pode manchar a imagem de todo um campo. No entanto, você precisa perceber que *todos* os campos têm seus doidos e incompetentes. Isso significa que você precisa decidir se deve confiar em uma pessoa com base no histórico dela. Isso não é diferente de escolher um cirurgião. Uma pessoa esperta não escolhe um cirurgião com base apenas nas afirmações dele. Você precisa ver alguns exemplos do trabalho do médico para se sentir satisfeito.

Como Caçar Fantasmas

  Estejam eles nomeando-se oficialmente ou não, os investigadores paranormais são uma parte crucial para trazer para a atenção do público questões dignas de maior exploração. Fazer pesquisa científica é algo que consome tempo e dinheiro. A grande ciência não gasta tempo pesquisando algo, a não ser que uma recompensa financeira potencial seja compensadora. Nem toda pesquisa de grande ciência é uma coisa certa – por exemplo, a pesquisa da aids ainda não resultou em uma cura. Ninguém quer desperdiçar seu tempo. O progresso científico é freqüentemente relacionado com o dinheiro. Os Estados Unidos gastaram bilhões de dólares para criar a bomba atômica em um prazo apertado. Se o dinheiro não estivesse disponível, você pode estar certo de que a tecnologia nuclear não estaria onde se encontra hoje. Olhe para o campo médico. O desenvolvimento de novos tratamentos e remédios é em grande parte dependente da demanda do público e da disposição em financiar esse desenvolvimento.

  É um erro esquecer que cientistas convencionais precisam pagar as contas da mesma forma que eu e você. Alguns dos assuntos mais consistentes e rentáveis tomam precedência sobre aqueles que não são rentáveis de forma alguma. É por isso que tantos fenômenos flagrantes e inexplicáveis ainda estão à nossa volta no século XXI. Devemos ser realistas. Há uma quantidade limitada de pesquisadores, dinheiro e tempo, e ainda há uma quantidade infinita de atividades com freqüência inconsistentes e inexplicáveis. Aliás, parece claro que há mais fenômenos que *não* entendemos cientificamente do que os que entendemos. De onde viemos? Para onde estamos indo? Existe Deus? Se existe, quem ou o que criou Deus? O que é a mente? Como você controla seu corpo? O que são sonhos? Como uma vida inteira de memórias é armazenada em um pedaço de carne do tamanho de um punho? Qual é a estrutura e o significado final do tempo? Um cientista convencional pode ser condescendente em relação à pesquisa paranormal, mas esse cientista é tão perplexo em relação a essas questões como qualquer outra pessoa. As implicações da pesquisa paranormal são bem mais amplas do que um punhado de tópicos clichês. No entanto, para nossos propósitos, iremos nos concentrar exclusivamente nas atividades de fantasmas. Como iremos discutir mais tarde, esse mistério pode ser o mais importante de todos.

O Que É um Fantasma?

Pesquisadores de fantasmas são com freqüência chamados de "parapsicólogos". Esse termo foi cunhado por causa de psicólogos que estudam a percepção extra-sensorial, ou PES. PES é um termo geral, cunhado na década de 30 pelo conhecido pesquisador J. B. Rhine, da Duke University. Ele se refere a usar outros meios que não os cinco sentidos físicos comuns – visão, audição, paladar, tato e olfato – para obter informações. Conhecemos isso mais comumente como fenômenos "psíquicos". Já que a pesquisa de fantasmas é indiretamente relacionada à PES (como você verá), muitos parapsicólogos a adotaram em seu campo. A propósito, não vá se tornar um caça-fantasmas e então sair por aí se autodenominando parapsicólogo. Há leis que estipulam quem pode legalmente se identificar como um psicólogo de qualquer tipo.

A era moderna de pesquisa sistemática de fantasmas começou na Inglaterra no final do século XIX. Ela era chamada de pesquisa psíquica. Por toda a história da investigação de fantasmas, os cientistas têm persistido em aplicar sua própria terminologia especializada para o campo. Isso causou alguma confusão entre aqueles que tentam discutir os fenômenos. O que uma pessoa chama de fantasma, outra pode chamar de demônio. O que alguém pode chamar de assombrado, outro pode chamar de um portal. Com este livro, espero cortar caminho em meio à confusão para estabelecer alguns fundamentos básicos para a atividade. Em muitos casos, é prematuro começar a apostar em termos. Um exemplo clássico é como algumas pessoas usam as palavras *fantasma* e *espírito* de maneira diferente.

Para nossos propósitos, os termos *fantasma* e *espírito* serão usados de forma intercambiável. Algumas pessoas pensam em espíritos como uma coisa unicamente humana, uma energia que carrega sua personalidade, enquanto um fantasma é uma visão assombradora do passado. No entanto, não é sábio se deter em detalhes semânticos em tal nível. Se começa a categorizar as coisas antes de compreendê-las totalmente, você está limitando sua capacidade de ligar dois conceitos livremente. Usaremos a quantidade mínima de terminologia necessária para alcançar um entendimento simples e forte de um assunto complexo. Quer chamemos de fantasma, espírito, visão, aparição ou assombração, ou qualquer outra coisa, isso deve se encaixar em nossa definição de fantasma:

algum aspecto paranormal da forma física e/ou presença mental que parece existir à parte da forma física original.

Embora a palavra *fantasma* seja usada de maneira generosa e impessoal, você deve estar atento ao fato de que fantasmas podem, algumas vezes, ser seres humanos conscientes em uma forma diferente. Se for assim, podemos assumir que todo o orgulho, as emoções e as curiosidades que nos acompanham na vida estão conosco na forma espiritual. Na vida, o espectro de personalidades humanas é infindável. Por que deveria ser diferente na vida após a morte? Podemos chamar alguns fantasmas conscientes de maus e outros de bons – da mesma forma que chamamos pessoas vivas de más ou boas. Qualquer que seja o caso, é ridículo temer todos os fantasmas. Se alguns fantasmas são apenas humanos em uma forma diferente, você deve vê-los humanamente em sua pesquisa.

Também é benéfico lembrar-se de que, se os fantasmas buscam de formas diferentes os humanos, você pode se relacionar com eles em uma escala mais realista. Todos os texanos usam grandes chapéus de caubói? É claro que não; isso é apenas um estereótipo. Todos os fantasmas andam em cemitérios ou ficam arrastando correntes? É claro que não. Não saia por aí procurando estereótipos bobos para depois ficar desapontado quando não os encontrar.

De acordo com nossa definição, um fantasma pode ser a presença de algo que já foi consciente – ou não. Por exemplo, pessoas vêem fantasmas de humanos e fantasmas de automóveis. Elas vêem fantasmas de cavalos *e* a diligência que eles puxam. Basicamente, vêem fantasmas tanto de coisas vivas como de coisas não vivas. Então, o que isso significa? Como analisamos as coisas a partir disso? Para começar, dividi a atividade de fantasmas em cinco categorias básicas, fundamentadas tanto na minha pesquisa como no trabalho de outros:

1. Entidades
2. Impressões
3. Distorções
4. Poltergeists
5. Naturais

Em breve, iremos explorar cada tipo de atividade e como ela pode influenciar nossa percepção da realidade. No entanto, antes de estudarmos esses assuntos, há um tópico que deve ser tratado brevemente.

Como você deve ter percebido, este livro lida com conceitos científicos. Tais questões podem ser abordadas pelo exame de evidências ou pela inspeção minuciosa das leis da física. O livro não trata dos conceitos específicos levantados pela religião. A razão pela qual há tantas religiões é que ninguém precisa de evidências para formar sua religião. A religião, em vez disso, se baseia em como alguém escolhe aplicar significado à vida. Se a evidência fosse um fundamento necessário para a religião, não haveria tantas religiões no mundo. A questão seria bastante simplificada: PROVE seus pontos de vista. Mas não é disso que a religião trata. Ela trata de como damos um sentido pessoal ao caos da vida; a ciência trata de como definimos o universo de acordo com leis que podem ser comprovadas.

A despeito do que algumas pessoas podem lhe dizer, a pesquisa de fantasmas não contradiz a integridade religiosa. Há muitas religiões com visões conflitantes. Para ver a vida por olhos religiosos, é necessário escolher e se equipar com um sistema de crenças predeterminadas. No entanto, aquele que deseja conhecimento científico não *escolhe* – ele *explora*. Se um ponto de vista, religioso ou não, é correto e verdadeiro, ele deve resistir a qualquer tipo de escrutínio e crítica. Afinal, a verdade não pode ser destronada. Não faz sentido, portanto, preocupar-se em adquirir novos conhecimentos. Se as crenças de uma pessoa são verdadeiras, a pesquisa apenas confirmará isso. Se no entanto forem incorretas, vão ruir. Se você procura saber a verdade na vida, absorva todo o conhecimento. Qualquer instituição – religiosa ou não – que ordena que você limite seu influxo de conhecimento científico tem medo de que suas falhas sejam expostas. Um vendedor inescrupuloso nunca falará para você examinar a seleção dos vendedores concorrentes. Já um outro que oferece o melhor negócio dará boas-vindas à comparação. O melhor negócio não tem nada a temer.

Há uma ironia única na forma como o público trata a idéia da religião em relação à pesquisa de fantasmas. Muitas religiões são baseadas no conceito de uma pós-vida. Dizem para acreditar nessa pós-vida com base apenas na fé. Uma necessidade de fé implica que nenhuma evidência concreta está disponível. Por outro lado, os investigadores paranormais encontraram evidências que podem indicar que realmente *temos* uma pós-vida. Ironicamente, em vez de ver essa informação como benéfica, as religiões muitas vezes acham isso ameaçador. Por que a ciência e a religião precisam necessariamente se contradizer? Não é possível que as duas, com freqüência, estejam tratando dos mesmos assuntos, mas de uma perspectiva diferente? Muitas religiões, em especial o cristianismo, são baseadas em atividades espirituais ou de outra forma paranormais.

ENTIDADES

Uma entidade é um fantasma que parece ser consciente e muitas vezes interativo. É uma personalidade ativa e individual. Embora essa definição possa se aplicar a *outro* ser além de um humano, entidades são com freqüência humanos ou animais que morreram. Quando pensa em fantasmas, a maioria das pessoas pensa em entidades. Estes são as personagens principais nas mais tradicionais histórias de fantasmas, e a maioria das atividades de fantasmas parece mesmo ser causada por entidades. Nossa sociedade nos legou uma idéia informal de que somos uma combinação de corpo e alma. Se realmente isso é correto, e se a alma deixa o corpo devido à morte, uma entidade é mais comumente vista como alma desencarnada. Mas essa idéia é firme? Como pode ser? Quais evidências temos disso?

Se for verdade que um fantasma é algum tipo de remanescente de uma criatura que um dia foi viva, humana ou animal, você é apenas um fantasma *com um corpo*. Em outras palavras, se um fantasma pode ser algo que deixamos para trás, ele é necessariamente algo que possuímos antes de morrer. Podemos, portanto, aprender sobre fenômenos espirituais estudando o corpo físico vivo.

Toda matéria, incluindo o corpo humano, pode ser mais bem entendida ao ser decomposta até suas menores partículas. A matéria se decompõe em células e moléculas, então em átomos, e finalmente em partículas elétricas. A ciência ensinada na escola primária nos mostra que os elétrons, prótons e nêutrons unem o universo. Cargas elétricas são cercadas por campos magnéticos, e campos magnéticos podem produzir cargas elétricas. Os dois andam de mãos dadas na composição da natureza. Juntos, as cargas e os campos criam a energia eletromagnética – o híbrido essencial de sua interação. Portanto, como toda matéria, nossos corpos são rodeados e permeados pela energia eletromagnética. Esses campos eletromagnéticos são geralmente chamados CEMs. Nossos corpos são, na verdade, máquinas elétricas. Com cada batida de nossos corações, um pulso elétrico é liberado. Nossas ondas cerebrais, sistema nervoso, controle muscular e quase todas as outras funções do corpo operam de acordo com princípios elétricos. Cientistas podem monitorar e medir tal energia com instrumentos altamente sensíveis, como as junções Josephson e o interferômetro quântico supercondutor (SQUIDs).

Muitas pessoas não percebem que o corpo gera um campo magnético porque objetos de metal não grudam em nós. Além disso, não influenciamos a agulha de uma bússola, nem "sentimos" as linhas de força de um magneto. No entanto, de novo, TUDO tem um campo magnético. Recentemente, cientistas da Universidade de Nijmegen, na Holanda, usaram esse fato para fazer animais pequenos, como sapos e aranhas, levitarem. As criaturas são colocadas em uma pequena câmara, com poucos centímetros de diâmetro. Depois, são submetidas a um campo magnético extraordinariamente poderoso. Elas se elevam e flutuam sem esforço, suspensas em uma levitação verdadeira e equilibrada. Isso é semelhante a colar dois ímãs, um do lado do outro, com o norte encarando o norte e o sul encarando o sul. Um campo de força invisível faz com que se oponham. Um processo idêntico pode fazer seres humanos flutuarem da mesma forma. No entanto, o campo necessário para a levitação humana teria de ser muito mais poderoso do que qualquer um que fabricamos.

Você não pode fazer um clipe de papel grudar na sua testa porque o campo do seu corpo é simplesmente sutil demais. No entanto, ele está lá. Até um pedaço de madeira – que parece ser tão não magnético quanto possível – pode ser levado a reagir ao magnetismo. Nossos campos de energia podem não ser fortes o suficiente para manipular de imediato objetos à nossa volta, mas, na presença de um campo grande o bastante, nossos corpos poderiam se tornar tão indefesos como uma tachinha voando pela mesa para se chocar contra um ímã. Você deve observar também que, quando os organismos são levados a flutuar ao serem submetidos a uma energia tremenda, isso não parece prejudicá-los de forma nenhuma.

Além desses campos naturais de energia eletromagnética, seu corpo transporta cargas elétricas estáticas. É claro que esse é o mesmo tipo de eletricidade produzida quando você arrasta suas meias no tapete e toca em uma maçaneta para levar um pequeno choque. Na verdade, seu corpo pode carregar milhares de volts de tal energia. Algumas companhias até fabricam brinquedos que podem operar com ela. Uma que me vem à mente é a Human-Powered Light Bulb (lâmpada alimentada a energia humana), distribuída pela companhia Copernicus, de Charlottesville, Virgínia. É uma pequena lâmpada que se ilumina quando você a toca!

Seu campo de energia basicamente segue os contornos de seu corpo físico. Isso significa que a aparência dele é igual à sua. Ele é, em essência, um molde de energia tridimensional de sua forma física. Espiritualistas falavam sobre esse campo de energia muito tempo antes de haver prova científica de sua existência. Eles, com freqüência, o chamavam de "corpo etéreo". Se uma câmera pudesse fotografar o corpo etéreo, e então remover o corpo físico da foto, seria possível obter uma imagem do seu espírito. É claro, nós simplesmente estamos falando sobre uma forma de energia que se parece bastante com sua forma física. Na verdade, você pode considerar isso uma camada adicional, embora invisível, do seu corpo.

A fotografia Kirlian é uma técnica controversa, que alguns declaram *ser capaz* de fotografar o corpo etéreo (Ilustração 1). Esse tipo de fotografia foi explorado pelos pesquisadores russos Semyon Davidovitch Kirlian e Valentina Kirliana no início dos anos 60. As fotos Kirlian são feitas, basicamente, passando uma corrente de alta voltagem e baixa amperagem por um objeto enquanto ele é colocado diretamente em uma placa fotográfica. A corrente também pode ser aplicada à placa fotográfica, de modo que ela viaje através do objeto e para dentro dele. Conforme passa pelo negativo, a eletricidade cria uma imagem fotográfica. O mais comum é tirar fotos de mãos ou dedos humanos. As impressões reveladas mostram uma aura de luz parecida com uma chama em volta dos objetos – mais intensa com coisas vivas do que com coisas inanimadas.

Esse fenômeno pode ser o resultado de carregar o corpo etéreo com tanta eletricidade que ela se torna visível fotograficamente. É uma maneira de documentar uma descarga de radiação pura. Mais tarde você vai aprender mais sobre esse efeito, mas é uma questão de carregar um objeto com tanta eletricidade que um pouco dela vaze. A maneira pela qual essa descarga ocorre pode representar qualidades do campo de energia natural do corpo.

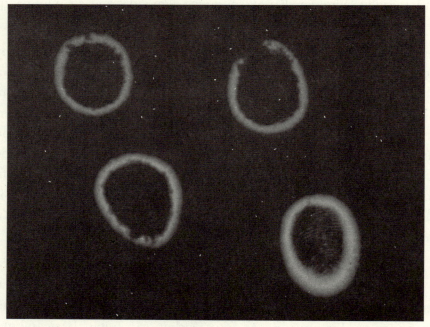

1. Essa fotografia Kirlian mostra halos de energia em volta das pontas dos dedos de uma pessoa.
Foto: cortesia de Kirlianlab.com.

Alguns críticos afirmam que o efeito Kirlian é apenas o produto da umidade nos itens. No entanto, em muitos casos, a aura de um monge ou curador pode ser aumentada se ele reza ou medita. Isso parece fornecer evidência de que o estado de espírito pode alterar o campo de energia. Essas variações são com freqüência tão extremas que apenas níveis de umidade levemente alterados, talvez de palmas suando, não poderiam causá-las.

Entidades

A fotografia Kirlian também dá origem a um dos conceitos mais fascinantes em toda a ciência. Ele é chamado de "fenômeno da folha fantasma". Se uma pessoa tira uma fotografia Kirlian de uma folha, a aura padrão de luz a rodeia. No entanto, se a ponta da folha for cortada, e então fotografarem novamente a folha pelo processo Kirlian, algumas vezes a ponta *ainda* aparecerá (Ilustração 2). Isso implica que, embora a estrutura física esteja destruída, a *estrutura de energia* pode permanecer.

Há uma controvérsia extensa em relação a esse fenômeno, porque ele nem sempre ocorre. Isso significa que a estrutura de energia nem sempre persiste? Ou significa que as condições de sensibilidade precisam ser *perfeitas* para fotografar a estrutura? Ou quer dizer uma outra coisa completamente diferente? Os críticos desse efeito afirmam que isso é causado por fotógrafos incompetentes. Eles dizem que o fotógrafo coloca a amostra inicial na placa, a fotografa, então a remove. No entanto, um resíduo microscópico de umidade é deixado para trás – uma espécie de cópia de água da folha inteira. Uma vez que a folha parcial é colocada de volta na mesma placa, a imagem fantasma é apenas uma fotografia do resíduo velho. Essa é uma explicação viável? Ou é apenas um caso do advogado de defesa desesperado colocando a lei em julgamento?

2. Pode o efeito da folha fantasma provar que uma parte de nós não morre? Cortesia: Robert McGhee.

Qualquer que seja o caso, é impossível ponderar sobre esse fenômeno sem pensar nas pessoas que perdem membros. Em muitos casos, depois elas descrevem uma sensação recorrente.

Joe Bingham é um jovem que conheço há um bom tempo. Na adolescência, ele perdeu um dedo em um acidente. Até hoje, ele descreve como pode sentir o dedo que falta. Algumas vezes ele "coça" ou "dói". Joe acha quase um insulto quando os médicos dizem que é sua imaginação. Ele apenas gostaria que fosse verdade. Sua experiência certamente não é única.

Várias pessoas que perdem membros sentem um "membro fantasma". De fato, alguns amputados pensam que a existência de um membro fantasma é crucial para fazer as próteses funcionarem. É quase como se o membro invisível se fundisse com o artificial, criando uma conexão mais natural com a peça. Por outro lado, pessoas que nasceram sem um membro normalmente não experimentam essa sensação fantasma. Parece que o corpo etéreo pode crescer e se desenvolver em volta do corpo físico. Apenas quando uma parte da equação é removida subitamente – a forma física – que uma forma de energia tornada órfã é deixada para trás.

É possível que o fenômeno da folha fantasma e o do membro fantasma sejam os mesmos? Talvez o corpo seja composto por mais de uma camada: uma camada física densa e uma camada de energia que parece intangível como o vento. Até o momento, ninguém apareceu com uma fotografia Kirlian do fenômeno do membro fantasma. Mais experimentação é necessária.

Do ponto de vista científico, toda matéria pode ser mais ou menos representada pensando-se em uma rede complexa de energias oscilantes. Percebemos a energia que oscila em uma freqüência e comprimento de onda como luz visível. Em outra, ela se torna radiação letal. Em uma outra ainda, esquenta seu sanduíche no microondas. No entanto, toda realidade observada é em essência composta da mesma substância – energia eletromagnética – que se manifesta em muitas formas diferentes. Como isso pode se aplicar a nossos corpos?

O gelo é a água em forma sólida. Se adicionarmos energia ao gelo, ele muda de forma. O calor é um tipo de energia. Quando ele é introduzido no gelo, as moléculas começam a se acelerar e a se fragmentar. Conforme elas se fragmentam, e as ligações ficam frouxas, o sólido se torna líquido. É fácil ver que as ligações são mais frouxas, já que agora podemos passar nossas mãos pela matéria. Se adicionarmos ainda mais energia em forma de calor, o líquido se torna um gás. Obviamente, as ligações do vapor são ainda mais frouxas que as do líquido. Eu poderia adicionar ainda mais energia para criar um quarto estado da matéria: plasma. Mas falaremos disso mais tarde.

Como você pode ver, usando a água como um exemplo, a mesma substância pode aparecer e se comportar de uma maneira totalmente nova simplesmente porque foi submetida a um nível diferente de energia. Por milhares de anos, filósofos e cientistas ficaram intrigados com a ligação entre a mente e o corpo. Como definimos a mente como sendo diferente do cérebro? O cérebro é um órgão físico, enquanto a mente é a consciência que sentimos como nossa personalidade, nossas memórias e nossa própria existência.

Aqui está o dilema mente – corpo em poucas palavras: com base na evidência empírica, consideramos físico o corpo, enquanto consideramos não física a mente. Como é possível o não físico controlar o físico? O não físico não deveria passar direto pelo físico? Como os dois interagem?

Talvez possamos responder a essa pergunta propondo que a mente e o corpo não sejam substâncias diferentes de forma alguma, mas apenas manifestações diferentes da mesma substância. O cérebro é claramente a sede da consciência. No entanto, nossos corpos também têm percepção. É verdade que eles podem ficar paralisados enquanto a mente ainda funciona, mas o contrário também é verdadeiro – nossa mente pode ficar paralisada enquanto o corpo ainda funciona. Eles se comunicam por um caminho detectável de milhares de transmissões eletromagnéticas por segundo, viajando a 320 quilômetros por hora.

É possível que o corpo etéreo seja uma camada de seu corpo que tenha tanta realidade física quanto seus dedos e dentes? No entanto, poderia ele existir em uma freqüência que nem sempre é observável por nossos sentidos nus? Como discutiremos mais tarde, vemos apenas uma pequena fração do que pode ser visto. Você ouve apenas uma pequena fração do que pode ser ouvido. Poderíamos "observar" a mente se tivéssemos a tecnologia adequada? É muito mais fácil sentir o gelo do que o vapor, mas ambos são a mesma coisa.

Sua consciência é claramente conectada ao seu corpo. Imagine: se também for conectada a essa camada de energia que rodeia nossos corpos, podemos ser influenciados por ela de uma forma regular. Quando estamos ao lado de alguém, costumamos reservar 50 centímetros a 1 metro de espaço em volta dos próprios corpos (a quantidade pode variar em diferentes culturas e populações). Se alguém pisa nesse espaço, você pode quase sentir. Nós realmente sentimos o campo de energia dessa pessoa adentrando o nosso? Você pode testar seu nível de sensibilidade virando-se de costas para um amigo e pedindo para ele colocar uma das mãos em seu campo. Com quanta freqüência você é capaz de dizer quando a mão chega perto? Você pode se surpreender com a precisão.

Você já conheceu alguém de quem não tenha gostado por alguma razão inexplicável? Por outro lado, já encontrou alguém e tudo entrou em sintonia, e você imediatamente sentindo-se confortável? Da mesma forma que magnetos em uma posição serão atraídos enquanto em outras serão repelidos, você tem uma resposta semelhante para outras pessoas? Sabemos que nossos corpos são rodeados por campos de energia. É óbvio perceber que esses campos interagem com o ambiente.

Somos capazes de dirigir tais energias com nossos olhos? Talvez seja por isso que nosso contato visual seja tão significativo. Você já encarou uma pessoa dormindo até que ela acordasse? Essa experiência é comumente relatada. Poderia ser o produto de projetar energias com os olhos? A maioria das pessoas está ciente da sensação de pressão quando alguém encara nossa nuca. Talvez possamos enviar e receber informações usando esse campo de energia.

Você já entrou em uma sala e percebeu que a televisão estava ligada, mesmo sem ouvi-la ou vê-la? Se não, faça uma experiência. Feche seus olhos e ligue a televisão. Ela projeta campos e cargas eletromagnéticas significativas. Você pode ser capaz de sentir essa energia no seu campo. A sensação pode ser semelhante a qualquer momento na vida em que alguém sente um forte campo de energia. Você já entrou em uma sala depois de uma briga? O ambiente parece espesso e frenético; daí a frase: "O ar estava tão tenso que você podia cortá-lo com uma faca".

Eu também já ouvi sobre numerosas ocorrências em que alguém em sono profundo de repente acordou do nada para descobrir uma anomalia paranormal em seu quarto. A pessoa pode ver um fantasma, ou perceber que todas as noites ela acorda na mesma hora. Isso pode ser causado pela sensibilidade do corpo às presenças que entram no quarto. Se alguém acorda na mesma hora regularmente, os padrões devem ser examinados para fornecer pistas que ajudem a entender por que um espírito poderia se comportar dessa forma. Ele está tentando comunicar algo? A hora tem algum significado?

Esse campo de energia receptiva em volta do corpo é o que alguns chamam de uma camada de "energia psíquica", embora este seja certamente um uso limitado do termo. Como mencionei em conexão com a PES, *psíquico* em geral se refere a usar alguma sensibilidade paranormal para conseguir informações. O conceito de fenômenos psíquicos tem sido muito maculado por grandes negócios, números de telefone 0300 e vigaristas. No entanto, existem alguns psíquicos ou sensitivos legítimos por aí.

Se todo o mundo tem um campo de energia, o que exatamente é um sensitivo? O que o torna especial? Qualquer um pode sentar-se e martelar teclas em um piano; no entanto, nem todo o mundo pode compor e tocar música clássica aos 4 anos de idade, como Mozart. Qualquer um pode bater uma bola, mas nem todos podem fazer pontos como Michael Jordan. Essas pessoas são prodígios em suas habilidades particulares. Pessoas que são *prodígios* no campo de usar a energia etérea são consideradas sensitivas. A teoria defende que quase todo o mundo é capaz de usar essa energia para obter informações – em essência, todo mundo pode realmente ser um sensitivo. No entanto, algumas pessoas têm uma capacidade natural e/ou devotaram treinamento mais eficiente a essa sensibilidade.

Auras

Muitos fenômenos psíquicos são fortemente baseados na presença de um campo de energia ao redor de nosso corpo. Alguns afirmam ver uma aura de cores rodeando um indivíduo. Pela interpretação dessas cores, tiram conclusões sobre a personalidade geral e sobre emoções temporárias.

Casey Fox, membro da minha equipe de pesquisa paranormal e amigo meu por quase toda a vida, tem sido capaz de ver auras desde que consigo me lembrar. Embora ele possa ver um indivíduo coberto por suas cores únicas, passou anos sem saber o que essas cores podiam significar. Fizemos experimentos para testar essa capacidade e até aqui ficamos impressionados.

Há alguns aparelhos no mercado conhecidos como "câmeras de auras" (Ilustração 3). Essas câmeras pegam o *biofeedback* de uma pessoa e o interpretam como uma aura colorida. É tudo uma questão de visualizar freqüências específicas. Em uma ocasião, conduzimos um experimento no qual comparamos a visão de Fox com o que a câmera de aura capturava. Ficamos honestamente surpresos em descobrir que, na maioria dos casos, sua interpretação, gravada antecipadamente, combinava com o que a câmera fotografava.

Existe também alguma base científica no que se refere a ver a aura. Sabemos, sem dúvida, que um campo de energia rodeia o corpo, mas as pessoas não deveriam ser capazes de ver tal energia. No entanto, se uma pessoa *pudesse* ver essa energia, ela provavelmente veria como cores. Algumas pessoas têm cegueira para cores e não podem ver o que a maioria de nós pode; por outro lado, é possível que algumas pessoas vejam cores que não podemos detectar?

Quando vemos a cor laranja, ela parece laranja por causa de sua baixa freqüência e seu comprimento longo de onda. No fundo, nossos olhos diferenciam tipos de energia interpretando-os como cores diferentes.

Digamos que uma pessoa irada produza energia de baixa freqüência e comprimentos longos de onda. Esse é o tipo de energia que cria a cor vermelha. Se você for capaz de ver a aura do corpo em cores, e vir a cor vermelha, pode assumir que a pessoa está com raiva. O mesmo se aplica a todas as outras cores e às energias – e estados de espírito – que elas representam.

3. Imagem de Joshua P. Warren capturada por uma "camera de aura", que mostra como uma aura humana pode aparecer.

Essa idéia pode parecer estranha para a maioria das pessoas. No entanto, o conceito de associar cores com estados de espírito é uma parte natural de nossa comunicação. Essa interpretação encontrou seu caminho para a linguagem coloquial. Dizemos que alguém covarde costuma "amarelar", e também que uma pessoa pode ficar "verde de inveja".

Com base nas conversas com aqueles que podem ver auras, bem como em textos abalizados, aqui estão algumas das interpretações mais comuns de cores na aura. Você verá que elas com freqüência estão de acordo com o que dizem as tradições.

VERMELHO – Essa cor representa as qualidades ardentes e dominantes. Uma pessoa com uma grande quantidade de motivação e força pode exibir esse matiz. A cor é muitas vezes associada à raiva, guerra e agitação. Lembre-se: essa é a cor competitiva que faz um touro atacar. Esse indivíduo quer ser bem-sucedido.

LARANJA – Essa é a cor do fogo quente. Da mesma forma, representa calor e emoção. Uma pessoa que exibe essa cor tem capacidade de conectar-se com outros em um padrão amigável, significativo e substancial, e expressa seus sentimentos de forma aberta.

AMARELO – Uma personalidade brilhante! Essa pessoa é alegre, otimista e enérgica. No entanto, ela também pode indicar um indivíduo ingênuo com uma perspectiva superficial. De modo geral, a cor é animada.

VERDE – Essa é a cor da vegetação. É possível imaginar que, se uma grande bomba destruísse uma cidade hoje, mil anos depois as ruínas estariam cobertas de plantas. Elas são uma forma de vida persistente, e, da mesma maneira, essa cor representa tenacidade e perseverança. A pessoa tem paciência e responsabilidade. Estas são importantes qualidades para o sucesso.

AZUL – Essa é a cor dos oceanos. Da mesma forma que eles são incrivelmente profundos, ela também indica profundidade. Alguém com essa cor tem profundidade em termos de emoção, intuição e sensibilidade. Esse indivíduo aplica um sentido significativo à vida e pode influenciar fortemente os que vivem a seu redor. A pessoa é também amante sensível da beleza.

ÍNDIGO, VIOLETA ou ROXO – Esses tons há muito têm sido associados com magia e misticismo. Quem não viu um manto roxo de bruxo, adornado com estrelas e luas brilhantes? Portanto, a cor indica uma qualidade mística ou psíquica. Pessoas que exibem esse tom são muitas vezes magnéticas ou carismáticas e têm uma visão única do mundo.

MARROM – Essa é a cor da terra. Representa uma personalidade com os pés na terra e sensível em termos gerais. Esse indivíduo vive com os pés plantados firmemente no chão e se preocupa em não ter a cabeça nas nuvens. O ponto negativo em relação a essa cor é que ela pode indicar uma pessoa muito seca, cínica ou sem imaginação.

BRANCO – Essa cor tem sido associada à pureza, ao céu e ao infinito. Na mesma tradição, é considerada uma indicação de uma pessoa espiritual. Esse é um indivíduo que pode se concentrar mais em questões divinas do que mundanas. Aqueles que afirmam ter capacidade de cura, ou que são atraídos para uma vida de devoção espiritual, tais como monges e xamãs, muitas vezes exibem essa cor. Na luz, o branco é a combinação de todas as cores do espectro. Portanto, alguém que exibe essa cor deve ser sensível a todas as facetas da personalidade e da experiência humanas.

CINZA – Em uma conversa casual, quando mencionamos uma "área cinza" estamos falando de um lugar de transição, onde dois conceitos definidos se encontram e um reino nebuloso é formado. Em auras, essa cor também representa um estado de transição ou transformação. Conforme alguém entra em uma nova fase significativa, a cor cinza pode indicar esse novo capítulo.

PRETO – Nos velhos bangue-bangues, quem sempre vestia o chapéu preto? O vilão, é claro! Da mesma forma, essa cor representa algo negativo ou ausente. Significa talvez que há alguma coisa de errado com a saúde da pessoa, ou pode indicar algo doentio em relação à atitude, comportamento ou destino dela. De modo geral, tenha cuidado com essa cor.

DOURADO – O dourado sempre foi considerado uma cor atraente e dinâmica. Representa essas mesmas qualidades nas pessoas. Alguém com essa cor pode ter recebido um pouco de charme e sorte extra na vida. Independentemente de outras cores aparecerem na aura, o dourado dá a essa pessoa uma vantagem.

Novamente, você pode ver como cada cor representa as qualidades há muito tempo associadas com a cor na linguagem. Se alguém diz que uma pessoa está "amarela", para indicar medo, todo o mundo imediatamente entende. No entanto, se você diz que vê literalmente a cor amarela em volta da pessoa, elas podem de repente ficar confusas. Será que escolhemos de maneira subconsciente as cores da aura, mesmo sem podermos realmente vê-las?

Telecinese

A possibilidade de usar o campo de energia ou a mente humana para manipular diretamente o ambiente físico é chamada de "telecinese" ou "psicocinese". Isso pode ser algo tão simples como rolar um cigarro pela mesa com sua mente ou energia do corpo. Pode também ser algo tão gigantesco como manipular o tempo.

É extremamente difícil encontrar alguém que afirme possuir essa capacidade e concorde em demonstrá-la. No entanto, há alguns filmes convincentes, presumivelmente sob condições de laboratório, que mostram exibições espetaculares de suposta telecinese. Muitos desses filmes vêm de experimentos da Guerra Fria, na União Soviética, recentemente divulgados. Uma mulher em particular, Nina Kulagina, que morreu em 1990, era especialmente incrível. Muitas e muitas vezes ela demonstrava seus dons diante de grupos de cientistas. Kulagina colocava objetos embaixo de caixas de vidro, então concentrava-se neles, algumas vezes por horas. Seus batimentos cardíacos e sua temperatura aumentavam, não raro até níveis perigosos, e os objetos começavam a se mover. Em um clipe famoso, ela se esforça para mover uma agulha de bússola sob o vidro. Com o tempo, a agulha começa a se mover. Então, conforme ela exerce mais força, a bússola inteira começa a se mover.

Em princípio, é fácil ver por que os campos de energia, como aqueles em volta de nosso corpo, são capazes de manipular a matéria. Podemos manipular pequenos objetos, como pedaços de papel, só com o potencial elétrico estático do corpo, especialmente em condições secas. É possível que as energias do corpo de algumas pessoas sejam mais fortes do que o resto, ou possam ser guiadas pela pessoa?

Entidades

Por outro lado, dê uma olhada no curioso mecanismo pelo qual a mente controla o corpo. Voltaremos a discutir isso mais tarde. No entanto, a maneira pela qual a mente controla o corpo pode ser considerada "mente sobre a matéria". É possível que em alguns casos, com algumas pessoas, a influência da mente possa se estender além do corpo? Da mesma forma que a sua mente move seu dedo, ela poderia quem sabe mover um objeto situado à frente de seu dedo?

Há uma variedade de testes para telecinese. Você pode conduzir um dos mais simples em minutos. Pegue um dado, visualize que número você quer rolar, e arremesse-o. Faça isso seis vezes, então examine as probabilidades. Se descobrir que pode fazer cair mais de uma vez em um número desejado, você pode estar exercendo algum tipo de controle telecinético sobre o dado. Esse é um bom experimento, porque você não tem de fabricar o "impulso original".

Se você, sentado, encara alguma coisa e tenta movê-la, você está tentando criar o impulso original. Isso significa que sua mente está dando ao objeto o empurrão inicial para fazê-lo se mover. No entanto, esse empurrão pode ser a parte mais difícil da telecinese. É nesse ponto que sua mente precisa superar o condicionamento para criar esse movimento que desafia a realidade tradicional. Quando ele começar a se mover, seu cérebro terá quebrado o molde e provavelmente será muito mais fácil continuar o exercício.

Nunca me esquecerei de quando finalmente aprendi a fazer malabarismo. Meu amigo tinha me dado três sacos de feijão pequenos e idênticos para praticar. Eu li tudo quanto havia de textos sobre o assunto e ainda assim estava completamente confuso. Jogava os sacos no ar, incerto sobre o que esperar, e toda vez eles caíam no chão, em uma mostra de coordenação retardada. Havia alguma razão para eu acreditar que nunca seria capaz de fazer malabarismos. No entanto, continuei tentando... e tentando... e tentando... até que, uma noite, algo "mágico" aconteceu. Eu os joguei no ar. Eles caíram de novo nas minhas mãos, comecei a agarrar e jogar e... incrível, eu estava fazendo malabarismo!

Até hoje, não consigo explicar de forma alguma como fazer malabarismos. Apenas digo às pessoas: jogue para o alto por tempo suficiente, e mais cedo ou mais tarde acontecerá. Também sou pianista, e tive experiências semelhantes com as teclas. Você pode achar que uma peça parece impossível de tocar. No entanto, se tentar tocar com freqüência suficiente, mais cedo ou mais tarde seus dedos vão, de alguma forma, acertar isso. É difícil explicar realmente, mas pode ter relação com a idéia de que o corpo e a mente são uma coisa só.

Quando consideramos a telecinese, você pode ver como isso se aplica ao impulso inicial. Quando finalmente acontece esse momento sagrado – ou seja, quando você treinou seu corpo e mente o suficiente para influenciar a matéria física –, ele costuma ser o mais difícil de todos. Afinal, um tipo de resposta automática assume o controle, o produto da capacidade inerente de seu corpo de lembrar-se do que funciona e de como repetir o processo. Para algumas pessoas, pode ser como andar de bicicleta ou nadar.

Praticantes asiáticos de artes marciais há muito tempo vêm discutindo a energia do corpo e seu potencial telecinético. Chamam isso de "chi" ou "ki". Acreditam que essa energia é inalada e exalada com o ar, e que pode ser concentrada para manipular o ambiente físico. No início da minha adolescência, dei uma olhada em uma loja de suprimentos para artes marciais. Enquanto eu folheava alguns livros sobre chi, uma mulher vestida com um manto me abordou e perguntou sobre meu interesse. Começamos a discutir o chi, e ela disse que seu instrutor era um mestre na manipulação do chi e ela mesma tinha se tornado bastante habilidosa no controle dessa energia. A mulher me pediu para estender a mão. Eu obedeci, ela estendeu a mão dela sobre a minha. De repente, senti uma onda forte e inegável de calor "grosso" se projetar da mão dela para a minha. Foi uma experiência incrível.

Desde então, ouvi numerosas histórias sobre mestres que podem facilmente projetar essa energia com força suficiente para derrubar uma luminária de papel a 6 metros de distância. Também vi gravações, feitas com câmeras termais, que mostram poderosas ondas de calor projetando-se das mãos de praticantes hábeis do chi.

Já sabemos que o corpo tem potencial eletromagnético. Esse tipo de energia sozinho pode influenciar de maneira significativa o ambiente. Não devemos esquecer que fortes eletromagnetos são usados para jogar carros de um lado para o outro em ferros-velhos. De fato, há relatos e gravações de indivíduos que afirmam que sua bioenergia é poderosa o suficiente para grudar pilhas de placas de metal no tórax ou na testa. No entanto, nunca vi nenhum teste seguro dessa habilidade em laboratório. Os que trabalham com o chi estão aprimorando de maneira semelhante sua energia natural eletromagnética/eletrostática, ou explorando algo ainda mais poderoso? É bem provável que você já tenha ouvido falar do "toque da morte". Supõe-se que isso seja um exemplo de um praticante de artes marciais concentrando tanto sua energia que um golpe hábil pode matar uma pessoa.

Se você quer desenvolver sua capacidade telecinética, há um dispositivo simples que pode criar e usar. De um pedaço de papel leve, corte um quadrado de mais ou menos 7 a 10 centímetros de cada lado. Dobre esse quadrado na diagonal e desdobre-o. De novo, dobre-o na diagonal entre os outros dois cantos. Você terá um formato de pirâmide.

Em seguida, pegue uma agulha grande e monte-a ereta em uma base de massa para vidro, ou finque-a em uma borracha grande. Delicadamente, equilibre sua pirâmide de papel na ponta da agulha. É claro, o ápice interno da pirâmide deve descansar na ponta da agulha. Dessa maneira, o papel pode facilmente girar com um mínimo de fricção.

Vá para uma sala que esteja livre de correntes de ar e coloque o aparato em uma mesa à sua frente. Coloque suas mãos ao redor do dispositivo e imagine a pirâmide de papel girando em uma direção horária ou anti-horária (Ilustração 4). Pelos primeiros minutos, pode não ocorrer absolutamente nada. Então, de repente, o papel pode mover-se em uma direção ou outra. Uma vez que comece a rodar, pode ser difícil, se não impossível, controlar isso. Em alguns pontos, ele pode parar espontaneamente e começar a girar em outra direção. Ainda que ele possa não estar obedecendo, continue a projetar comandos nele. Com o tempo, depois de dias, semanas ou meses de prática, você será capaz de controlar o comportamento dele à vontade. Alguns acham mais eficiente forçar a energia para fora, enquanto outros preferem relaxar e deixar seu fluxo natural de energia afetar o dispositivo de uma forma submissa.

Como Caçar Fantasmas

*4. Um simples dispositivo para experimentação com telecinese.
Foto: cortesia de Joshua P. Warren.*

Observe que, se você soprar o papel, ou segurar uma chama embaixo dele, normalmente ele não virá suavemente; em vez disso, vai chacoalhar de maneira violenta e sair da agulha. Se estiver especialmente preocupado com ventos fortes, no entanto, você pode colocá-lo embaixo de um copo ou jarra de plástico. Muitos daqueles que praticam com esse dispositivo regularmente afirmam que você pode, com o tempo, mover o papel apenas olhando para ele. Também ouvi falar de mestres que enfileiram vinte desses cata-ventos embaixo de jarras e fixam o olhar neles. De repente, um começa a girar, então outro e outro. Eles reagem em uma espécie de espocar de espingarda de caça em várias direções. No entanto, com o tempo, ao refinar essa capacidade, deve se tornar cada vez mais fácil acessar seu potencial telecinético.

Se você se tornar hábil em gerar um efeito telecinético, é importante demonstrar isso para o mundo. Se cientistas assumirem um interesse sério nisso, será impossível dizer quanto poderemos desenvolver novas tecnologias sensacionais baseadas em um fenômeno tão espetacular. Uma vez encontrei uma mulher que afirmava ter poderosas habilidades telecinéticas. No entanto, quando pedi uma demonstração, ela se recusou, dizendo que não faria "mágicas de salão". Isso foi ridículo. O que ela chamava de mágicas de salão eu chamo de evidência. Ela nunca demonstrou sua suposta habilidade, e sua afirmação apenas a fez parecer tola.

A capacidade de influenciar diretamente seu ambiente físico apenas por meio do pensamento e das energias do corpo é um sonho fantástico da raça humana. Filmes como *Mary Poppins* e *Star Wars* reforçam esse sonho. Pode ser impossível fazer uma vassoura varrer o chão, ou forçar uma lata de cerveja a flutuar para fora da geladeira até sua mão, mas você deve observar que não está completamente isolado do ambiente que o rodeia; na verdade, você é uma parte dele. O nível de influência que podemos alcançar ainda é um mistério.

É possível que sua habilidade telecinética seja reprimida por sua delimitação em um corpo físico? Se o corpo não estivesse mais no caminho, seria mais fácil afetar o ambiente apenas com seus pensamentos? Isso pode se aplicar a como um fantasma influencia o mundo físico?

Refletimos sobre alguns dos pontos mais metafísicos do relacionamento entre mente, corpo e ambiente físico. Pode ser fácil para o leitor mais cínico rejeitar completamente tudo isso como um monte de besteiras. No entanto, quando se trata de tais assuntos, eu espero que você ao menos se lembre disto: muitas pessoas literalmente pensam sobre seus pensamentos como "nada" – fantasmas particulares da imaginação que, dentro e fora de si mesmos, não existem de verdade. São considerados entidades efêmeras que não podem ser medidas ou definidas por padrões físicos. Isso é, na prática, nossa maneira tradicional de pensar sobre os pensamentos. No entanto, espero que você se lembre de que, se olhar à sua volta nesse instante, tudo que você vê – uma janela, uma caneta-tinteiro, uma mesa, uma xícara – foi um pensamento ou visão na mente de alguém antes de se tornar uma realidade física. Realmente, há um relacionamento íntimo e inegável entre o mundo interno da mente e o mundo externo do corpo.

Telepatia

A comunicação apenas pela transferência de pensamentos é chamada de "telepatia" – comunicação direta mente a mente. Em alguns casos, ela pode ser o produto da transmissão mental de informações por via eletromagnética. Eu, muitas vezes, ouço histórias sobre a ligação telepática aparente que as mães têm com os filhos. Com freqüência, quando uma criança está em perigo, uma mãe intuitiva aparece para salvá-la. Aliás, talvez eu deva a minha vida a um fenômeno semelhante.

Quando tinha cerca de 1 ano e meio de idade, eu estava no banco de trás da pequena caminhonete dos meus pais. Minha mãe e meu pai estavam dirigindo pela cidade. Em um momento, fiquei com sono, então deslizei silenciosamente no banco de trás, para a parte mais traseira do carro. Logo eu estava em um sono tranqüilo. Fiquei lá por um bom tempo, quando, de repente, minha mãe foi assolada com uma visão terrível de minha morte. De forma intuitiva, ela sentiu o carro sendo acertado na parte de trás por outro veículo. Em um estranho tipo de pânico, minha mãe pulou sobre os bancos, pegou-me nos braços e colocou-me de volta no assento do carro. Em questão de segundos, o veículo foi de fato atingido violentamente por trás. Minha cabeça estava a um centímetro da proteção traseira, e a área foi completamente esmagada. Se ela não tivesse me tirado de lá naquele instante, eu com certeza teria morrido. Embora um incidente como esse possa obviamente ser visto como alguma visão do futuro – uma premonição, se você quiser –, ele também pode ter envolvido uma conexão psíquica entre a mãe e o bebê, algum tipo de relacionamento telepático. Depois de muitos anos de evolução, é possível que um mecanismo paranormal para proteger o filho tenha se desenvolvido?

A forma mais amplamente praticada de telepatia é a prece. A prece é em geral considerada uma sessão na qual a mente do sujeito se comunica de maneira direta com a mente de Deus ou algum outro elemento divino. Com freqüência, as pessoas que rezam dizem que não acreditam em "atividades psíquicas", embora a prece se encaixe de forma clara na categoria de telepatia. Esse é outro bom exemplo de como a religião e a ciência podem ver o mesmo fenômeno de maneiras diferentes.

As torres de televisão e de rádio transmitem informações para sua casa 24 horas por dia. Elas enviam sinais como ondas eletromagnéticas. Veja o tanto de informações que as ondas podem transmitir. Você pode assistir ao seu programa de televisão favorito em cores deslumbrantes e com som estéreo *surround*. Para todos os propósitos práticos, a informação chega instantaneamente; e, quando usamos um satélite, você pode até interagir via linha telefônica! As ondas eletromagnéticas que realizam tudo isso não são diferentes daquelas ao redor de seu corpo; elas variam apenas na freqüência e comprimento de onda. É possível que tenhamos potencial para sermos torres de transmissão humanas? A mesma antena é capaz tanto de enviar quanto de receber. Será que podemos, algumas vezes, enviar e receber pensamentos, mas sem estarmos todos no mesmo canal? Em experimentos, algumas pessoas parecem melhores receptores e outras melhores emissores. Você mesmo pode experimentar.

Com um método simples, você e um amigo podem facilmente testar sua compatibilidade telepática. Pense em um número entre um e cinco, encare seu amigo e veja se ele pode adivinhar qual é. Algumas pessoas, quando recebem mensagens, afirmam que de fato vêem o número; outras apenas o sentem de maneira intuitiva. Muitas vezes ouço falar sobre pessoas que fecham os olhos e visualizam uma tela branca. Mais cedo ou mais tarde, a resposta simplesmente aparece na tela. Se você tem uma taxa alta de sucesso com um amigo, descubra quem é melhor em emitir ou receber. Então repita o experimento, registre os resultados, gradualmente expandindo para um alcance maior de números. Eu vi duplas telepáticas adivinharem uma série de números entre um e mil com uma precisão surpreendente.

Estamos tão familiarizados com a forma como as ondas de rádio são transmitidas que é fácil comparar a telepatia a tais transmissões eletromagnéticas. No entanto, há algumas possíveis falhas em usar essa analogia. Em primeiro lugar, a literatura está cheia de histórias sobre comunicações telepáticas entre duas pessoas em partes diferentes do globo. Isso é especialmente verdade entre maridos e esposas, quando um está na guerra e algum trauma é vivenciado. Se tais histórias são verdadeiras, é difícil explicar como o corpo pode projetar campos a tal distância. Além disso, experimentos foram realizados com duplas telepáticas em que uma das pessoas foi colocada em uma Gaiola de Faraday, uma caixa que isola campos elétricos. A gaiola não parecia afetar a precisão. No entanto, você nunca deve esquecer que os raios X sempre existiram, mas não foram descobertos até 1895. Isso significa que a mente opera em uma freqüência e escala avançadas demais para ser bloqueada por qualquer substância – e, na verdade, é *por isso* que nossa tecnologia é muito rudimentar até mesmo para medi-la? Em algum ponto, iremos aprender a detectá-la e utilizá-la da mesma forma que fazemos com as microondas? Por outro lado, da mesma forma que ocorre com a telecinese, ela é capaz de fazer o oposto: não passar por objetos, mas resistir a eles a fim de movê-los? Talvez a energia da mente possa trabalhar em níveis tanto altos demais quanto baixos demais para serem compreendidos por nós atualmente.

PES Coletiva e Sincronicidade

Ao tentar entender a atividade psíquica, há um fenômeno peculiar que merece ao menos uma menção. Quando estudamos o paranormal, é importante estarmos cientes de todas as possibilidades. As capacidades psíquicas mencionadas até então se concentraram de maneira geral nos indivíduos. No entanto, a PES pode se manifestar de forma coletiva dentro de um grupo de pessoas. Isso introduz alguns tópicos únicos e complexos.

A vida é uma reação em cadeia infinita de causas e efeitos. Todos os indivíduos afetam todos os outros indivíduos – em outras palavras, nenhum homem é uma ilha, como dizem. Por exemplo, talvez você possa dizer que não estaria lendo este livro neste momento se não o tivesse visto na estante. Então, talvez você nunca o tivesse visto na estante se não tivesse decidido passar na livraria no caminho de volta para casa. Então, talvez você nunca tivesse estado nessa livraria se em vez disso tivesse aceitado o trabalho na cidade vizinha. E assim por diante. Você pode refazer o curso de sua vida passando por uma série de eventos conectados que chegam até seu nascimento, ou mesmo antes... até o início do início. É apenas natural que os eventos da vida assumam uma espécie de esquema geométrico – um padrão natural, matematicamente preciso – que em geral é intricado e complexo demais para se seguir.

A cada momento, uma série infinita de reações em cadeia está ocorrendo à sua volta e até dentro de você. Você nunca saberá quantas vezes poderia ter sido morto por um motorista imprudente se tivesse saído de um restaurante dez segundos mais tarde ou dez segundos mais cedo. Você nunca saberá se teria vivido mais um minuto caso não tivesse comido aquela segunda porção de bacon. No entanto, algumas vezes o esquema de sua vida se revela na sua frente.

Alguns meses atrás, alguém trouxe à baila o nome de um velho amigo. Ele havia se mudado para uma cidade distante, e eu não tinha ouvido falar dele em quase três anos. Dentro de trinta segundos o telefone tocou. Sim. Era ele! Não consigo lembrar a última vez que falei sobre o cara. O que aconteceu nesse caso?

Alguma vez você pensou em um velho filme ao qual gostaria de assistir de novo, para então mudar os canais e descobrir que o filme está sendo exibido?

Quantas vezes você tentou evitar uma pessoa e, pasmem, ela apareceu nos lugares mais estranhos? Você pode dizer que o incidente do telefonema foi telepático: eu pensei no meu amigo e ele me ligou, ou ele pretendia me ligar e isso fez com que meu outro amigo falasse comigo. Você pode dizer que a coisa do filme é telecinética: seu desejo de ver o filme fez com que ele fosse exibido naquela noite. Você pode até mesmo dizer que viu o futuro. Mas essas coisas parecem diferentes dos fenômenos psíquicos tradicionais. Elas são mais situacionais. Apenas aconteceu de as coisas ocorrerem de uma forma que parecia mais do que uma simples coincidência. Isso é o resultado de as pessoas serem sensitivas de forma subconsciente? Ou isso são apenas lugares onde as conexões matemáticas de sua vida se cruzam bem à sua frente? Você percebe algo apenas 1% das vezes que acontece e então assume que é uma ocorrência rara e excitante?

Quando você descobre estranhas e incríveis "coincidências" acontecendo ao seu redor, isso é chamado "sincronicidade". Ela se baseia na idéia de que tudo está funcionando sem percalços e você está em sincronia com o que deveria estar fazendo, ou talvez *não* deveria estar fazendo. De qualquer forma, os humanos podem interpretar esses momentos da vida para aplicar um senso de significado a como e por que essas coisas acontecem.

Ao fazer experiências com os vários tipos de fenômenos psíquicos, esteja sempre ciente da sincronicidade. Quando algo incrível acontece, é porque alguém o iniciou de forma consciente ou porque as coisas "magicamente" se encaixaram? Essa é uma maneira de dizer que certas coisas na vida acontecem por uma razão. Quando você observa um fenômeno extraordinário, ele é *realmente* extraordinário ou você está apenas observando um momento extraordinário iniciado pela vida? De qualquer forma, estamos todos conectados de verdade com tudo e com todos.

Os humanos são ligados de muitas maneiras. Quando fico parado de pé à sua frente, pode parecer que não há nada entre nós. Mas há. Há o ar. Uma parede de ar conecta a ponta do meu nariz à ponta do seu. No entanto, moléculas de ar irrestritas são frouxas o suficiente para você poder empurrar sua mão por entre elas. Se balançar sua mão com força suficiente, o ar se moverá e uma brisa levantará meus cabelos. No entanto, a maioria das pessoas não visualiza o ar dessa forma, porque normalmente não é possível vê-lo nem senti-lo. Mas você pode ver que dessa maneira estamos ligados em uma forma física e direta. Além disso, como discutimos, nossos corpos de energia interagem. Até nossos pensamentos estão conectados. Você inventou a palavra *suave*? Não. Alguém a ensinou para você, da mesma forma que alguém a ensinou para mim. Quando ambos ouvimos a palavra *suave*, sabemos o que significa. Estamos conectados intelectualmente.

Ao explorar o mundo oculto – o mundo do desconhecido –, mantenha um olhar atento para as conexões. O que quer que você conclua sobre a realidade, ela é com certeza uma rede complexa. Algumas partes são visíveis, enquanto outras são invisíveis. Esteja ciente de como a realidade "normal" funciona: precisamente, como os fenômenos psíquicos se encaixam?

Morte

O corpo humano é mais do que se pode ver com os olhos. Da mesma forma que temos um corpo físico único, temos um corpo de energia único. Como você viu, não há dúvida de que esse corpo de energia existe. Nesta era moderna da tecnologia, documentamos sua presença, mas as pessoas discutiram esse campo por milhares de anos referindo-se às habilidades psíquicas. É realmente possível que nossos campos de energia guardem a chave para entender a PES?

Independentemente de como se comportam na vida, essas energias podem ter uma grande influência sobre nós depois da morte. Se seu corpo consiste em uma camada física – como o gelo – e em uma camada espectral – como o vapor –, é possível que uma camada possa morrer, enquanto a outra continua vivendo? A Lei da Conservação de Energia afirma que a energia não pode ser criada ou destruída, mas apenas conservada. Isso significa que a energia se dispersa novamente na natureza e nossa consciência desaparece? Ou será que, quando nossos corpos físicos morrem, essa estrutura de energia continua a existir? Pode ser que descartemos nosso revestimento de carne. Se um membro destruído fisicamente deixa algum aspecto para trás, por que um corpo inteiro não deveria fazê-lo? Se nossa pele é realmente apenas uma camada de um ser com múltiplas camadas, então podemos descartá-la e, ainda assim, continuar a existir de alguma forma. Se o fenômeno da folha fantasma for válido, ele pode provar que uma parte de nós não morre. Mas essa parte é consciente?

Algumas pessoas não acreditam na existência da mente. Elas geralmente pensam que criaturas vivas não são mais do que computadores orgânicos. Afirmam que somos máquinas biológicas muito complexas, mas, ainda assim, apenas criaturas mecânicas. Se esse for o caso, paramos de funcionar apenas no momento da morte. Dessa maneira, a experiência humana é limitada ao tempo entre o nascimento e a morte. Em uma escala cósmica, a vida individual seria, portanto, inútil, não tendo nenhum valor eterno. Será a crença na vida após a morte apenas uma maneira esperançosa de dar a nossas vidas um sentido não existente? Deveríamos então apelar ao hedonismo, livres das conseqüências e responsabilidades espirituais?

O grande filósofo René Descartes refletiu sobre essa complexa questão há mais de trezentos anos. Ele queria saber a verdade derradeira da vida. Portanto, conduziu um experimento mental: duvidou de tudo no mundo de que pudesse duvidar, acreditando que o que restasse deveria ser a verdade. Descobriu que havia apenas uma coisa que não podia negar – que estava duvidando, que estava *pensando*. Então expressou a imortal declaração: "Penso, logo existo".

Deixe-me esclarecer o significado. Nossos cinco sentidos físicos nos enganam todos os dias. Objetos distantes parecem encolher, enquanto os que vão ficando mais perto parecem crescer. A tampa de uma lata de lixo próxima pode ser um círculo, mas, quando a colocamos em um ângulo a 3 metros de distância, ela se torna oval. Os humanos pulam para conclusões ridículas, baseadas em suas percepções imprecisas. Mágicos profissionais, ou ilusionistas, exploram essa fraqueza. A fraqueza pode ser ainda mais clara quando reconhecemos que nem todos vêem o mundo da mesma forma. De novo, o daltonismo é um exemplo primário. Ou lembre-se do exemplo do chocolate: eu gosto do sabor do chocolate. Você pode gostar do sabor do chocolate também. Mas como você sabe que estamos saboreando a mesma coisa? É um gosto que ambos temos, e podemos distinguir de outros sabores. Mas você não sabe se experimentamos o mesmo sabor. E nesta vida você nunca saberá.

Há enormes inconsistências em como vemos o mundo físico, mas há uma coisa que todos temos em comum. Tudo que podemos ver, ouvir, cheirar, saborear ou tocar está destinado a se degradar. Tudo que podemos perceber fisicamente, incluindo o corpo humano, tem um tempo de vida limitado – sejam segundos ou eras. E, embora tudo ao nosso redor seja efêmero e temporário, a única coisa que sabemos por certo é que possuímos uma capacidade que uma cadeira não tem: a capacidade de pensar. Nossos corpos nos prendem, como prisioneiros, nesse reino físico. Mas uma entidade mental – uma experiência mental –, o que devemos chamar de mente, realmente existe. É um mistério na vida e é um mistério na morte. "Penso, logo existo"... e não "Tenho um corpo, logo existo".

Há também evidências científicas surpreendentemente simples para a existência da mente. Em seu livro *Windows on the Mind* [Janelas da Mente], Erich Harth ilustra isso:

> *Se eu quiser sentar-me e escrever uma carta, esse "desejo" precisa fazer com que o cérebro envie sinais para os músculos apropriados. Para um físico, isso é um pensamento desconcertante, porque significa que uma entidade não física, a mente, é capaz de exercer uma influência física no corpo.*

Como pode algo que não existe causar uma reação física, como mover seu corpo à vontade? Como pode haver um efeito físico sem uma causa física? Isso nos faz voltar ao dilema mente–corpo. Parece haver apenas uma única explicação para como essa coisa chamada mente pode manipular um pedaço de carne de 90 quilogramas como eu. Ela *existe*. O que quer que seja, está *lá*.

Agora, alguns de vocês que estão lendo este texto poderão pensar: "Hummm... Mas e se uma *cadeira* for consciente? E quanto às plantas? Elas podem pensar?"

Lembra-se de toda a conversa sobre áreas cinza na ciência – lugares onde há lacunas no entendimento coletivo? Estipular a fronteira entre as plantas e os animais parece ser uma delas. O que é uma esponja? Eles dizem que é um animal, mas ela apenas fica sentada ali. Olhe para uma ameba. Ela não tem cérebro, não tem olhos, não tem senso de humor; é apenas uma única célula! Ainda assim, até mesmo uma ameba caça comida e a come. Ela é consciente? Um paramécio tem lembranças? Olhe para uma planta carnívora. É uma planta com mandíbulas suculentas e longos dentes, e sua boca se fecha rápido; uma esponja adulta, que é um animal, nunca se move! Uma árvore é consciente? Ela se move: o movimento é lento, mas ela se move. Tenha em mente que você e eu nos movemos devagar em comparação a uma barata comum (seus processos cerebrais de movimento são mais rápidos do que os nossos). As árvores também realizam processos inteligentes de produção de comida e se reproduzem. Algumas pessoas afirmam que as plantas reagem e crescem mais saudáveis quando expostas a música clássica.

Alguém pode dizer com certeza se as plantas são conscientes? Não, é claro que não. Mas elas são entidades orgânicas e vivas. Quando se trata de algo inanimado – uma rocha, por exemplo –, não há razão para acreditar que haja qualquer consciência. Aliás, se insinuarmos que há, isso pode ser um insulto às criaturas orgânicas. Algumas religiões acreditam que todas as coisas possuem uma alma. Embora este seja certamente um conceito fascinante, ele carece de evidência.

Sabemos que os humanos têm uma camada de energia e podemos aceitar a existência de uma mente. Sabemos, de acordo com a Lei de Conservação de Energia, que a energia não pode ser criada nem destruída, mas apenas conservada e transferida para uma outra forma. Quando seu corpo físico morre, é possível que outro aspecto de você mesmo – um aspecto de pura energia e pensamento – ainda exista. É isso que podemos algumas vezes chamar de um fantasma?

Por Que uma Entidade Permanece nas Redondezas?

Tente ver as entidades como humanos em outra forma. Elas são uma mente e uma energia que ainda mantêm uma identidade específica e individual. Não podemos saber se há um destino final para qualquer espírito – *esta* dúvida é pensada pela religião. Mas há certas variáveis que claramente aumentam a chance de um fantasma permanecer no plano físico.

Se uma pessoa morre jovem, em especial de maneira violenta, é provável que um fantasma permaneça. Isso cai na categoria de "negócios inacabados". A tendência natural de uma pessoa jovem é viver um completo ciclo biológico de vida. Quando a oportunidade disso é removida subitamente, parece que uma teimosia com freqüência se instaura. Baseado na minha pesquisa, a maioria dos pais que enterra um filho encontra o espírito desse filho em algum ponto. Psicólogos tradicionais afirmam que essa experiência é uma alucinação comum, uma maneira de os pais em luto e traumatizados preencherem a sensação de perda e confortarem a si mesmos. Mas parece que, com o tempo, qualquer experiência que os cientistas não podem explicar é chamada de alucinação. Muitas vezes, o espírito de uma pessoa jovem permanece por alguns anos e então parte com o tempo. Se o filho é extremamente jovem, isso pode se dever simplesmente à confusão.

Uma vez entrevistei uma família que havia crescido basicamente em uma fazenda isolada no Alabama. A casa passara por pelo menos duas gerações. Não havia nenhum hospital próximo, e, no começo do século XX, um bebê nasceu no sótão. Devido ao parto difícil, a mãe quase morreu. Era a sexta gravidez dela. O fraco recém-nascido morreu depois de poucos dias. Desde então, por gerações, o espírito do bebê assombrou a casa da fazenda.

A atividade começou na mesma noite em que o bebê morreu. As outras crianças pequenas, três irmãos e duas irmãs, abraçaram-se no meio do quarto, tremendo de medo enquanto os gritos atormentados do bebê ressoavam no sótão escuro e sombrio. Eles tapavam os ouvidos e choravam, aterrorizados pela agonia incansável do bebê fantasma. Em outras ocasiões, pequenos objetos caíam de prateleiras baixas. Eles, por fim, venderam a velha casa e deixaram para trás a atividade de várias décadas. Você pode imaginar a confusão que a alma do recém-nascido deve ter experimentado.

É claro, negócios inacabados são mais comuns entre pessoas mais velhas. Normalmente, quando uma pessoa mais velha escolhe permanecer depois da morte, é por causa de uma forte ligação com o mundo físico. Isso é em especial verdadeiro com pessoas extremamente ricas que obviamente não querem deixar suas fortunas para trás. A pessoa se esforça para acumular dinheiro durante a vida, e com certeza é difícil deixar os frutos de todo esse trabalho duro! Em muitos outros casos, parece que o importante não são os bens, mas o amor que a pessoa tinha pelo local. Algumas pessoas simplesmente não querem deixar seu lar para trás. É um lugar onde aprenderam a ficar confortáveis. Em alguns casos, ser dono da propriedade foi a realização da vida da pessoa.

Eu conduzi uma investigação minuciosa de uma fazenda nas montanhas no Oeste da Carolina do Norte. Um homem e uma mulher idosos trabalharam a vida toda para conseguir a casa de seus sonhos. Era uma grande casa de fazenda, construída de madeira de castanheiro elaborada, próxima a um lago claro como cristal. O pico de uma montanha erguia-se ao lado dele, seu reflexo derramando-se sobre a água brilhante. Até hoje, o local é surreal. É fácil ver por que eles se apaixonaram pelo lugar.

Depois que o homem ficou velho, finalmente cansou-se de trabalhar na fazenda. Ele estava especialmente enjoado dos invernos de neve e decidiu que queria passar seus últimos anos tomando banho de sol na costa da Flórida. Propôs à esposa que vendessem a propriedade. Ela o encarou com um olhar de descrença ultrajada e disse que nunca, de jeito nenhum, se separaria da fazenda. Eles brigaram sobre essa questão até que, alguns meses depois, um ricaço local fez uma oferta generosa pelo lugar. O homem idoso foi para a cidade e transferiu a escritura do imóvel. Quando voltou para a casa, encontrou sua esposa pendurada sob a macieira. Uma coruja branca estava sentada no galho no qual a mulher idosa balançava. Ele olhou bem fundo nos olhos amarelos e brilhantes da coruja e, com um arrepio, soube que estava encarando o rosto furioso de sua mulher. A coruja voou para longe.

Dentro de uma semana, o cabelo grisalho do homem ficou completamente branco. Ele fez as malas e deixou a cidade, para nunca mais ser visto de novo. Parece que jamais superou o choque. A coruja branca ainda é vista batendo suas asas no ar da noite ou observando silenciosamente do alto da árvore. A mulher idosa realmente aparece como uma coruja? É difícil dizer, já que é complicado capturar uma coruja, mas, se for assim, este é um bom exemplo de alguém tão ligado a uma posse material – a propriedade – que se recusou a deixá-la para trás.

Há pessoas que permanecem no plano físico porque não querem deixar *alguém* para trás. Elas podem ser os espíritos mais horripilantes. Esses espíritos parecem observar a pessoa que estão assombrando à maneira de um *voyeur*. Fantasmas algumas vezes assombram suas viúvas por essa razão. Tais fantasmas podem ser possessivos, e muitas vezes fazem mais mal do que bem ao permanecer neste plano, ligados a uma pessoa. Talvez os piores desses sejam os que buscam vingança. Vítimas de assassinato freqüentemente assombram seus assassinos, obcecados por realizar uma vingança sobrenatural.

Uma mansão assombrada que eu pesquisei era habitada pelo espírito de uma arrumadeira. Na década de 20, ela tinha um caso com seu empregador, um doutor carismático. Sua esposa, uma mulher fria e detestável, sabia da infidelidade, mas a tolerava. No entanto, quando o doutor morreu, a empregada e a viúva finalmente tiveram uma briga. A arrumadeira foi empurrada das escadas para a morte. Depois disso, seu espírito retornou para assombrar cada vez mais a esposa, com o tempo levando-a a loucura.

Aqueles com uma consciência culpada também podem ter desejo de permanecer. Eles temem as conseqüências de possivelmente irem a um lugar onde serão julgados. É com certeza uma situação compreensível. Como Isaac Newton disse, para cada ação há uma reação oposta porém igual. Em outras palavras, você colhe o que planta. Chame isso de carma, se quiser. Mas, se você foi uma pessoa cruel na vida, obviamente ficará mais ansioso quanto à possibilidade de ter de assumir a responsabilidade pelo seu comportamento. Se pudesse adiar demorando-se aqui na terra, o que você faria?

Parece que alguns espíritos permanecem nas redondezas porque realmente não percebem que estão mortos. Esse tipo de situação é bem ilustrada pelo filme *O Sexto Sentido*, de 1999. Depois que o World Trade Center caiu, comecei a ouvir sobre experiências paranormais ao redor do local. Pessoas que viviam perto do lugar estariam algumas vezes presenciando aparições de gente com roupas de executivos andando ao redor da comunidade como se estivessem em um completo atordoamento. Essas pessoas sabem que estão mortas? Ou estão em choque definitivo? Quanto tempo mais seus fantasmas vão perambular por essas ruas pesadas?

O comportamento humano é complexo e misterioso. O mesmo acontece com o comportamento dos fantasmas. Determinar por que um espectro consciente permanece por aqui é uma das questões mais desafiadoras com que um caça-fantasmas se depara. No nosso mundo dos vivos, muitas vezes não podemos explicar a motivação humana. Por que algumas pessoas cometem crimes brutais e horríveis? Com freqüência elas apenas dizem o que o terrível assassino serial Ed Gein disse: "Eu me senti compelido a isso". Entender a psicologia de um fantasma é uma tarefa ainda mais hercúlea. Por essa razão, métodos prospectivos de comunicação têm sido buscados desde o início da história registrada. A ação de tentar se comunicar com os mortos é chamada de "necromancia". Seja usando um médium ou uma tábua de Ouija, ou coisas mais complexas como câmeras de vídeo e gravadores de áudio, pesquisadores paranormais têm desesperadamente tentado estabelecer a comunicação direta com espíritos. Infelizmente, pouco progresso documentável tem sido feito. Mais tarde, exploraremos essa área de forma mais completa.

Como um Fantasma Interage com o Mundo?

Fantasmas são entidades não físicas. Podemos definir *não físicas* como "não restritas às leis conhecidas da matéria física". Estivemos refletindo sobre a possibilidade de os espíritos operarem em uma freqüência diferente daquela da matéria física densa, algumas vezes impedindo os dois de interagir. Mas, se um fantasma é não físico, como ele pode interagir com o mundo físico? Esse enigma nos leva de volta ao dilema mente–corpo. A maioria de nós está familiarizada com a imagem clássica de fantasma dos desenhos animados, que tenta abraçar alguém, mas apenas passa pela pessoa. Se os fantasmas são não físicos, como podemos vê-los? Como eles conseguem mover objetos? Como podem nos tocar? Como podemos ouvi-los? Entramos em um campo extremamente teórico quando tratamos tais assuntos.

Um ímã comum emana linhas de força poderosas de seus pólos. Esses campos claramente interagem com o ambiente físico, e ainda assim não podemos vê-los, senti-los, ouvi-los, saboreá-los ou cheirá-los. Para nossos sentidos humanos nus, eles são realmente inexistentes. Os ímãs têm um forte efeito em limalhas de ferro, é claro. Portanto, se salpicarmos centenas de limalhas de ferro em um pedaço de papel, e colocarmos um ímã embaixo dele, as limalhas de ferro irão aderir às linhas de força. Embora não possamos ver os campos reais, podemos observar uma *representação física* dos campos (Ilustração 5). Esse método nos fornece um meio prático de estudar as linhas, e ainda assim não podemos vê-las de verdade.

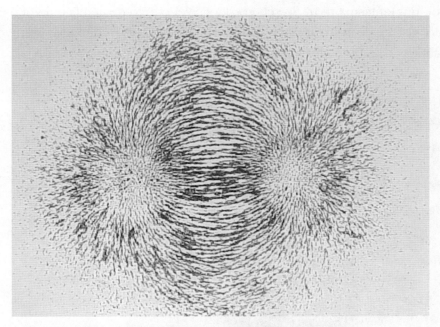

5. Limalhas de ferro mostram claramente as linhas de força de um ímã.
Foto: cortesia de Joshua P. Warren.

Linhas de força se projetam de forma tridimensional ao redor dos pólos de um ímã. Se rodearmos um ímã com limalhas de ferro, seu campo se tornará visível tridimensionalmente (Ilustração 6). A forma invisível rapidamente emerge, quase como um fantasma materializado.

Talvez a energia residual e consciente deixada para trás por um humano fisicamente morto possa operar de maneira bem semelhante. Embora um espírito seja não físico, tal como acontece com as linhas magnéticas de força, ele pode ser capaz de interagir com o mundo físico, da mesma forma que as linhas magnéticas de força. Imagine isso da seguinte maneira: seu corpo é composto de pequenos blocos de construção – as células. Da mesma forma, as linhas de força invisíveis de um ímã não podem se materializar sem pequenos blocos de construção. É claro, esses blocos de construção são as limalhas de ferro. Mas, se os campos de um ímã podem ser representados por limalhas de ferro, que substância pode um fantasma usar? Se seu corpo visível é feito de células, de que é feito o corpo visível de um espírito? Parece que eles com freqüência usam cargas eletrostáticas que flutuam livremente no ar, chamadas "íons".

6. Quando um ímã é rodeado por limalhas de ferro, suas linhas de força criam uma forma tridimensional.
Foto: cortesia de Joshua P. Warren.

Quando alguém entra em contato com um espírito, muitas vezes relata os seguintes fenômenos: cabelo em pé, arrepios gelados, formas de luz tridimensionais, objetos se movendo. Todas essas atividades podem ser duplicadas usando-se íons.

Deixe-me esclarecer exatamente o que é a eletricidade estática. A eletricidade estática (ou energia eletrostática) não é o tipo que sai da tomada na parede ou de uma bateria. A eletricidade que sai da sua parede é uma corrente alternada (CA) que vai e vem do positivo para o negativo a 60 ciclos por segundo (nos Estados Unidos). A que sai de uma bateria é uma corrente de eletricidade constante que não muda de polaridade. Essa é a corrente direta (CD). A eletricidade estática está naturalmente disponível no ambiente a nossa volta. Os relâmpagos são criados por ela. Tomar um choque de uma maçaneta no inverno também é conseqüência da eletricidade estática. Ela se baseia no equilíbrio das partículas elétricas. Se você esfregar suas meias no tapete, cargas serão acumuladas em seu corpo. Essas cargas extras vão saltar, ou se descarregar, quando estiverem próximas do metal condutor. Os relâmpagos são causados por cargas que se acumulam entre as nuvens e o chão, ou algumas vezes de nuvem a nuvem, equilibrando-se então com uma descarga maciça.

Há novos dispositivos feitos para produzir centenas de milhares de volts de eletricidade estática para demonstrações científicas. Embora a voltagem – ou quantidade – de eletricidade seja alta, a amperagem – ou força – é baixa. Eles podem dar um choque forte, mas são muito mais seguros do que usar um gerador de alta amperagem e baixa voltagem. Alguns dos mais populares que os educadores usam com freqüência na sala de aula são os geradores Van de Graaff (Ilustração 7) e as máquinas Wimshurst/Bonetti (Ilustração 8).

O Van de Graaff é o mais conhecido. É a esferóide grande e prateada, colocada sobre uma base de plástico, que fará o cabelo de um estudante se eriçar nas pontas. Esse é um exemplo óbvio de como os íons afetam o cabelo dessa maneira. Como muitos aprenderam no ensino fundamental, duas cargas idênticas (+ + ou - -) se repelem, enquanto duas cargas diferentes (+ - ou - +) se atraem. Quando alguém entra em contato com uma forte eletricidade estática, sua pele e cabelo são expostos às mesmas cargas. Isso faz o cabelo se afastar da pele, e conseqüentemente eriçar-se.

7. Máquina eletrostática "Van de Graaff"

As cargas elétricas que correm pela pele também criam o "vento iônico". Isso produz uma sensação fria ou gelada na pele. Ela é resultado não apenas do ar em movimento, mas também de partículas elétricas em movimento. Isso pode com certeza ser responsável pelos calafrios quando um fantasma é encontrado.

O vento iônico ainda tem outra qualidade estranha: conforme passa pela sua pele, a corrente de energia, além da frieza, parece tocar você. Algumas vezes, em demonstrações, faço um voluntário da platéia virar-se de costas para mim. Ergo um gerador eletrostático e sopro um rápido vento iônico pelo ombro da pessoa. O sujeito sempre pensa que foi tocado nas costas. Experimentei essa sensação várias vezes em casas assombradas. Os cabelos na minha nuca ficam de pé.

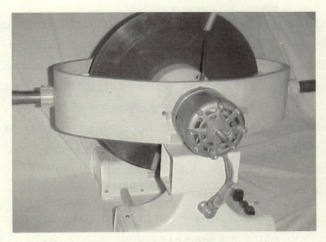

8. Um gerador eletrostático Wimshurst/Bonetti.
Foto: cortesia de Joshua P. Warren.

Ver um espírito é o que se chama de "aparição". Trata-se geralmente de uma forma tridimensional que pode parecer completamente estruturada, como um ser humano, ou mais abstrata, como uma névoa ou um globo de luz. Espíritos às vezes parecem translúcidos, mas são com freqüência descritos como opacos, da mesma forma que a matéria física. Como isso é possível? Devemos lembrar que, quando olhamos para um carro, por exemplo, tudo que vemos de verdade é a luz refletida da matéria. O carro, no entanto, ainda parece sólido. É uma concepção errônea achar que algo composto inteiramente por luz deve ser translúcido. *Tudo* que vemos é composto inteiramente por luz, ou pela falta dela. Conceitualmente, ver um fantasma não é diferente de ver uma pessoa viva.

Usando íons concentrados, podemos criar imagens tridimensionais. Tais formas se tornam visíveis como *plasma*. Sólido, líquido e gasoso são os três primeiros estados conhecidos da matéria. No entanto, poucas pessoas estão familiarizadas com o quarto estado da matéria: o plasma. Isso é especialmente peculiar, já que 99% do universo conhecido existe no estado de plasma. A fim de explicar o plasma, usarei de novo a água como exemplo. Moléculas de água são feitas de átomos. Cada átomo contém um número equilibrado de prótons (cargas positivas) e elétrons (cargas negativas). Portanto, o átomo tem uma carga neutra, pois cada tipo de carga cancela a outra. Se adicionarmos energia de calor à água sólida, as moléculas começam a se afastar e conseguimos o líquido. Se adicionarmos ainda mais energia, elas se afastam um pouco mais para produzir um gás. Mas, se adicionarmos *ainda mais* energia, um ou mais elétrons são arrancados dos átomos. Isso deixa uma mistura de elétrons que flutuam livremente, e de átomos que agora têm uma carga positiva (já que o seu equilíbrio de elétrons se foi), tornando-os íons positivos. Então, o plasma típico é uma mistura de elétrons e íons positivos. O produto é normalmente uma exibição brilhante e incandescente de energia elétrica.

Uma forma comum de plasma é uma chama de vela normal. Pense sobre isso: não é um sólido, não é um líquido nem um gás. Quando tudo o mais falha, você tem um plasma. Lâmpadas de néon produzem plasma dentro delas, e quase todo o mundo já viu "bolas de plasma". Elas são globos de vidro cheias de fagulhas de eletricidade azul ou rosa. Você geralmente as encontra como decoração elétrica, especialmente na época do Halloween. Relâmpagos, sejam pequenos ou grandes, são uma forma de plasma.

Devo esclarecer que plasma e ectoplasma não são sinônimos. *Plasma* é um termo da física, enquanto *ectoplasma* normalmente se refere a uma ferramenta usada de forma inescrupulosa por falsos médiuns do século XIX. Durante a Era Vitoriana, a crença no contato com os mortos, chamada de "espiritismo", tornou-se um grande negócio. Médiuns estavam em uma competição acirrada. Obviamente, quanto mais bizarra e extrema uma sessão, mais ela era discutida. O boca-a-boca gerado pela experiência chocante era traduzido diretamente em cifrões. Por causa disso, vários truques inovadores foram desenvolvidos e usados para manipular as platéias famintas por espectros.

Em sessões, os médiuns às vezes secretavam uma substância grossa e gosmenta, normalmente branca, a partir de orifícios do corpo. Ela podia pingar do nariz, gotejar dos ouvidos, encontrar seu caminho pela garganta ou exsudar de áreas ainda mais embaraçosas. Os médiuns chamavam isso de ectoplasma, e afirmavam que se tratava de um misterioso subproduto da interação espiritual no mundo físico. A idéia de ectoplasma parece absurda para a maioria dos

Entidades

pesquisadores paranormais sérios. Ao que parece, ela foi inventada e usada apenas por seu impacto grotesco e dramático nos observadores.

O termo foi popularizado também pelo lançamento, em 1984, do filme *Os Caça-Fantasmas*. Na tela grande, parece ótimo ver um monstro horrendo encharcar um investigador com um muco brilhante e colorido. Felizmente, caça-fantasmas verdadeiros não são melecados. Se fossem, eu com certeza estaria em um campo de trabalho diferente.

Alguns pesquisadores *simplesmente* se referem ao ectoplasma como *qualquer* substância que os fantasmas usam para a materialização. Nesse sentido, eles podem usar as palavras *plasma* e *ectoplasma* de forma intercambiável. Eu não recomendo isso, visto que a palavra *ectoplasma* ficou maculada pela sua sórdida história e pelo uso popular em filmes bobos. Além disso, com base em nossas evidências e teorias atuais, parece que freqüentemente os fantasmas se materializam em um estado de *plasma*.

Da mesma forma que um fantasma, a eletricidade pura é invisível, mas, quando se torna visível, você na verdade a vê como plasma. Uma faísca elétrica entre dois eletrodos é um plasma – isso significa que o ar, ou gás, entre os eletrodos mudou de estado da matéria enquanto a voltagem passou por entre eles. Os plasmas são condutores e permitem que voltagens suficientemente altas passem mais facilmente pelo ar. No entanto, há tipos diferentes de plasma. Embora normalmente seja azul ou branca, a eletricidade pode aparecer em uma variedade de cores e tonalidades. Um exemplo bem conhecido de uma forma de luz elétrica é o fogo-fátuo. Durante a Era da Exploração, quando os oceanos estavam cheios de marinheiros supersticiosos, não era incomum que um navio fosse pego em uma tempestade. Algumas vezes, conforme a tempestade aumentava, os marinheiros olhavam para os mastros superiores e os encontravam rodeados de um sombrio brilho azul. Eles tomavam isso como um sinal auspicioso de São Elmo, garantindo-lhes sua proteção. Na verdade, esse efeito era causado pelo acúmulo de partículas elétricas. Conforme as nuvens da tempestade giravam e passavam ao redor do navio, os mastros superiores acumulavam cargas. Com o tempo, as cargas aumentavam demais para ocupar a superfície dos mastros, e então se dispersavam na atmosfera. Ao se dispersarem, as partículas brilhavam, criando o "efeito de halo". Se você se lembrar, esse é o mesmo efeito fotografado pelas técnicas Kirlian. Na verdade, você pode considerar uma foto Kirlian como um exemplo de fogo-fátuo induzido.

Um objeto redondo pode armazenar muitas cargas elétricas em sua superfície. É por isso que uma porção de geradores eletrostáticos acumula a energia em uma grande bola de metal. No entanto, as cargas vazam de pontas afiadas. É ao redor de tais pontas que um halo de energia elétrica é normalmente mais pronunciado. Caubóis gostavam de compartilhar histórias assombradas sobre o efeito. Algumas vezes, no pôr-do-sol, quando uma tempestade estava soprando, eles tomavam choques enquanto cuidavam de sua manada de gado. Chamas azuis jorravam dos chifres dos bois. Era uma cena realmente demoníaca, e inspirou lendas de manadas fantasmas.

Hoje, o fogo-fátuo é com mais freqüência observado nos motores e pontas das asas de aviões. Conforme a aeronave de metal corta a atmosfera, enormes cargas podem ser produzidas e jorradas para longe na forma de um brilho azul misterioso. Os navios modernos ainda experimentam o efeito de tempos em tempos. A descarga pode criar formas de luz de plasma de quase qualquer formato.

Usando cargas elétricas, também é possível mover objetos. Isso pode ser demonstrado facilmente esfregando-se com velocidade um pente de plástico no cabelo. Depois disso, pode ser possível mover pequenos objetos, como linhas, bolas de pingue-pongue, cigarros, pedaços de papel etc., colocando-os perto do pente. Você pode até manipular água. Se ligar a torneira para produzir um fluxo de água fino e colocar perto o pente, o fluxo irá virar em direção ao pente. Quando ele tocar o plástico, o pente irá se descarregar e a água irá voltar ao lugar. É claro, esses são apenas exemplos em pequena escala do potencial eletrostático. Quanto mais forte a carga, maior os itens que ela pode mover.

Moradores de casas assombradas com freqüência relatam encontrar uma área de uma sala em pandemônio. Uma pilha de papel antes perfeitamente arrumada pode estar por toda a parte, ou uma linha de fotos na parede pode estar torta. É quase como se uma rajada de energia passageira tivesse afetado os itens de uma forma extrema e descontrolada.

O relacionamento exato entre as cargas eletrostáticas e o eletromagnetismo (as duas manifestações principais da energia fantasmagórica) é ainda um campo misterioso da ciência. Na verdade, parece que muitas de nossas grandes descobertas futuras dependem de nosso entendimento disso. No entanto, conhecemos o poder de um eletroímã. Você pode rapidamente construir um para experimentar. Apenas pegue um prego de ferro e enrole um arame fino e isolado em volta dele algumas dúzias de vezes, criando uma espiral. Então, prenda cada ponta do arame a uma bateria de lanterna de 6 volts. Ao conectar a bateria, você descobrirá que criou um eletroímã significativo. É fácil manipular pequenos objetos de metal com ele. Ao contrário de um pedaço de magnetita natural, esse dispositivo produz um campo que pode ser ajustado delicadamente – tornando-se mais forte ou mais fraco pela mudança do número de voltas ou da força elétrica passada pelo arame.

Deve estar claro que a eletricidade concentrada é com certeza capaz de produzir poderosas forças físicas. Cargas elétricas literalmente unem o universo. Em nossos níveis menores, você e eu não somos mais do que cargas elétricas. Um fantasma pode teoricamente ser tão forte quanto, ou mesmo mais forte, do que uma pessoa.

Usando um gerador eletrostático no laboratório, fiz o cabelo de um voluntário eriçar-se nas pontas, causando-lhe calafrios; fiz com que ele percebesse um toque físico; manipulei objetos à distância; criei formas de luz de plasma tridimensionais. Já que todos esses elementos e outros mais podem ser criados concentrando-se cargas elétricas, um relacionamento entre a eletricidade e os fenômenos fantasmagóricos torna-se aparente. Mas o que *exatamente* pode ser esse relacionamento?

Na minha pesquisa pessoal, descobri que os encontros mais significativos com fantasmas parecem ocorrer durante os meses frios e secos (do final de setembro até o começo de março, na América do Norte). Essas também são as épocas do ano em que em geral a eletricidade estática se mostra mais ativa.

Como Caçar Fantasmas

Durante o outono e o inverno, não é incomum tomar um choque súbito de uma maçaneta. Sempre que houver as condições ideais para produzir a eletricidade estática, parece que elas serão mais propícias para a atividade de fantasmas. Isso parece reafirmar a dependência que um espírito tem das cargas elétricas, e, portanto, também do ambiente.

Participei de um programa de rádio vários anos atrás, e comecei a discutir a ligação entre a eletricidade estática e os fenômenos paranormais. Recebemos um telefonema de um senhor que trabalhava em uma fábrica de luzes de néon assombrada. Ele se lembrava de ter ido sozinho, uma noite, à fábrica escura. O tempo estava instável, e ele descreveu uma sensação natural de eletricidade eletrostática no ar. Ao entrar na fábrica, os pêlos de seus braços e do pescoço eriçaram-se de repente. Ele estava chocado por encontrar uma aparição luminosa encarando-o do outro lado da sala. Era uma mulher em uma roupa solta, as feições nebulosas, mas ainda brilhando. Nem é preciso dizer que ele estava aturdido. Conforme a aparição se demorava ali, as luzes de néon ao redor dela aumentaram o brilho. Isso é o que acontece a uma lâmpada de néon quando sujeita a uma corrente de cargas elétricas. Depois de apenas uns poucos segundos, o espectro desapareceu. As luzes de néon piscaram até se desligar, mas o ar ainda estava cheio de eletricidade.

Quando o ar se mostra especialmente úmido, ele está mais cheio de água. Obviamente, a água conduz a eletricidade. Por causa disso, é muito mais difícil acumular grandes cargas. Quase imediatamente depois de serem coletadas, elas se dispersam na atmosfera. No entanto, quando está seco, o ar atua mais como um *isolante*, uma substância que não conduz eletricidade. No clima seco, cargas elétricas maiores são criadas com mais facilidade, e o impacto do fenômeno eletrostático é maximizado. O princípio muda um pouco durante tempestades elétricas. A despeito da umidade, o ar contém uma enorme quantidade de íons. Sob tais condições, você pode encontrar atividade aumentada do mesmo jeito. Isso dá um certo crédito à introdução clássica "Era uma noite escura e tempestuosa...".

Parece que, a fim de interagir com o mundo físico, um fantasma precisa algumas vezes usar cargas elétricas para criar uma forma física temporária. Lembra-se das linhas de força de um ímã? Não podemos vê-las, mas podemos enxergar uma representação física delas usando partículas minúsculas: limalhas de ferro. Será que um fantasma cria uma representação física de si mesmo usando partículas minúsculas – no caso, cargas elétricas? Sob condições ideais, um fantasma pode, às vezes, manipular campos e cargas elétricas para ganhar acesso ao nosso mundo.

No filme clássico *O Homem Invisível*, de 1933, com Claude Raines, era obviamente impossível vê-lo. Portanto, ele enrolou bandagens em si mesmo. Isso criou uma representação física do seu corpo. Para que possam interagir fisicamente, talvez os fantasmas precisem se enrolar em uma "bandagem" de íons. Controlar essas cargas pode permitir que sejam vistos e movam objetos. Na verdade, dessa forma os espíritos podem realizar a maioria das atividades atribuídas a eles. Se estamos corretos em assumir que a manifestação de uma entidade pode ter alguma dependência do ambiente elétrico, podemos usar esse conhecimento para obter vantagens na predição e manipulação deles.

Se você vai caçar fantasmas, pode aumentar suas chances de sucesso indo a um ambiente mais propício para a atividade. Isso não é diferente de um pescador que parte para o mar. Embora pareça que quase qualquer local possa se prestar a ocorrências fantasmagóricas, algumas áreas são obviamente mais ativas do que outras. Ambientes frios e secos são sempre uma boa aposta.

Se os espíritos realmente usam cargas como blocos de construção para se manifestar, então talvez um caça-fantasmas possa ampliar as chances de um encontro fantasmagórico aumentando o ambiente elétrico. Isso pode ser feito com um gerador de Van de Graaff, de Wimshurst/Bonetti ou outro gerador de eletricidade estática semelhante para bombear íons na atmosfera. Assim é possível adicionar ao ambiente os blocos de construção extras necessários para um fantasma se *materializar* ou criar um corpo físico interativo. Da mesma forma, uma pessoa pode ser capaz de inviabilizar a interação do fantasma com o mundo físico, impedindo o acúmulo de cargas na área. Ambas as possibilidades serão exploradas mais tarde.

Até o momento, você viu como o corpo de energia consciente de um humano pode ser capaz de permanecer depois da morte do corpo físico. Agora, com base no exame dos princípios elétricos, você tem condições de entender como esse corpo não físico pode ser capaz de participar no mundo físico de uma forma limitada. Em nossas vidas físicas, algumas pessoas são mais fortes ou mais capazes do que outras. Se as entidades precisam usar energia atmosférica para se materializar, então com certeza alguns seres serão melhores nessa habilidade do que outros. Em um sentido geral, talvez uma "área assombrada" seja um lugar onde as entidades residentes tenham o poder – ou, o que talvez seja mais importante, a vontade – de interferir em nosso mundo. Pode ser o produto de uma combinação única: uma entidade, o poder e intenção dessa entidade, e fatores ambientais. Esses fatores ambientais podem incluir a atmosfera eletromagnética e eletrostática, influências geomagnéticas ou qualquer quantidade de condições variáveis, talvez ainda desconhecidas para a ciência. Esse modelo de atividade fantasmagórica implica que algumas podem ser causadas por um reino paralelo que coexiste com o nosso. É um reino de vida invisível que se torna detectável para nós de uma maneira rara. Embora isso seja um conjunto de teorias elegante e tradicional, que pode ser aplicado à maioria dos fenômenos com entidades, como sempre ele falha em explicar com precisão toda a realidade. A atividade dessas entidades se torna um tema destituído de rigor, uma confusão de todos os tipos de manifestações diversas. Novas questões surgem.

Por que alguns espíritos parecem humanos, enquanto outros parecem mais abstratos? Não é incomum ouvir alguém dizer que viu uma aparição de corpo inteiro. Em diversas ocasiões, o indivíduo não percebe que está olhando para um fantasma até que a figura desapareça. Algumas vezes, acredita-se com certeza que os fantasmas são pessoas. No último ano, investiguei a casa de uma jovem mulher que teve repetidos encontros com uma aparição tão bem materializada que ela acreditava ser um intruso vivo. Na primeira vez em que viu esse fantasma em sua casa, ela ligou para a polícia para denunciar uma invasão de domicílio. Foi difícil para ela finalmente aceitar que o "homem em sua casa" era na verdade um fantasma.

Por outro lado, é ainda mais comum as pessoas verem um fantasma que não se parece de forma tão clara com um humano típico. Névoas são vistas com freqüência. Estranhamente, essas névoas nem sempre aparecem na forma que você imagina. Em 2001, encontrei uma névoa cara a cara. Um companheiro pesquisador e eu estávamos no sótão de uma casa extremamente assombrada. Quando eu ia saindo do sótão, o outro pesquisador gritou: "Olhe!". Entre nós, uma névoa azul-acinzentado rodopiava no ar. Ela estava contida dentro de uma faixa de ar de 60 centímetros a 1 metro de diâmetro. Não se comportava como uma rajada de fumaça. Em vez disso, pairava sem se dispersar, movendo-se em ondas que pareciam angulares e tradicionalmente geométricas em seu traçado. Depois de dez ou quinze minutos, ela diminuiu seu brilho e desapareceu.

Além disso, alguns encontram espíritos como bolas de luz. Uma porção de fotografias de fantasmas mostra círculos, esferas e elipses geralmente chamados de "orbes" (Ilustração 9). Eles aparecem em especial quando se está fotografando, gravando em vídeo ou de alguma outra forma monitorando o campo infravermelho. Câmeras de vídeo que podem gravar nos espectros infravermelhos mais profundos com freqüência mostram orbes movendo-se rapidamente por locais assombrados. Até o momento, parece que a melhor velocidade do obturador é de cerca de 30 fotogramas por segundo – o mesmo que em um vídeo tradicional. O que são esses orbes paranormais? Eles são espíritos? Não podemos dizer com certeza. Mas parecem ser mais presentes em locais assombrados. Algumas vezes, um orbe gigantesco é visto se arrastando pelo ar. Em outras ocasiões, um turbilhão passa pelo lugar. É possível que uma parte do espírito – seu próprio coração, se você quiser – ocupe o infravermelho, mas o corpo ocupe outro domínio? Podemos estar acessando um aspecto da alma, por assim dizer?

Por outro lado, há aqueles que dizem que todos os orbes não são nada além de reflexos, poeira, insetos ou outras partículas comuns. Na verdade, é fácil capturar um objeto semelhante a um orbe fotografando-se uma partícula ou pegando um reflexo traiçoeiro. No entanto, um olhar fotográfico treinado pode normalmente excluir essas coisas com facilidade. É bem isso o que acontece quando se trata de orbes capturados em vídeo. O jeito como se comportam é algumas vezes verdadeiramente impressionante.

Brian Irish é o atual vice-presidente e especialista em tratamento de imagens da Equipe de Investigação Paranormal L.E.M.U.R. (League of Energy Materialization and Unexplained Phenomena Research – Liga de Pesquisa de Materialização de Energia e Fenômenos Inexplicados), da qual sou fundador e presidente. Ele captou gravações fenomenais dos orbes mostrando características extraordinárias. Uma noite, estávamos conduzindo uma investigação do 1889 WhiteGate Inn and Cottage, em Asheville, Carolina do Norte. Uma velha mansão serviu como casa de repouso por décadas. Havia até um quarto especial com barras na janela, onde um homem mentalmente instável era mantido preso... até que ele aparentemente se matou. Nossa equipe estava no andar de cima da casa observando um quarto ativo. Brian estava filmando um vídeo sensível ao infravermelho quando um orbe brilhante emergiu de uma gaveta *fechada*, deslizou para baixo e à direita e desapareceu no estômago de outro observador. A bola parecia quase supercarregada em um momento, com um brilho especialmente forte, mostrando o que poderia ser uma variação no nível de energia. Esses tipos de orbes são os verdadeiramente paranormais. Eles não podem simplesmente ser explicados como simples erros ou fotografia de má qualidade. Talvez essa gravação mostre uma entidade entrando em uma pessoa.

9. Essa foto foi tirada durante uma investigação de fantasmas no Grove Park Inn Resort and Spa, em Asheville, Carolina do Norte. Um pequeno orbe apareceu acima da mão direita do autor, e uma massa nebulosa branca surgiu no seu lado esquerdo. *Foto: cortesia de Brian Irish.*

Entidades

Quando se trata do mistério dos orbes paranormais, há algumas teorias que podem explicar sua aparição. É possível que a aparição de uma entidade possa depender de sua idade. Por "idade", queremos dizer a quantidade de tempo que se passou desde que ela foi removida de um corpo físico.

Seu corpo etéreo se assemelha bastante a seu corpo físico. Na verdade, pode-se ir tão longe a ponto de dizer que ele é idêntico a seu corpo físico. Quando o corpo físico é morto ou destruído, talvez o corpo de energia que inicialmente resta mantenha a forma do corpo físico. Isso nos leva de volta ao fenômeno do membro fantasma. No entanto, depois de tempo suficiente, poderiam os limites dessa forma entrar em colapso? Por exemplo, olhe para uma parede de terra sendo mantida no lugar por uma barreira. Quando a barreira é removida, a massa de terra pode manter sua forma, ficando de pé por algum tempo. Passado um tempo suficiente para assentar e erodir, a terra cairá, liberada do seu recipiente prévio. É por isso que uma entidade mais velha pode algumas vezes aparecer como uma névoa ou alguma outra forma mais abstrata, conforme a energia se liberta das restrições físicas passadas.

No final, uma forma de energia passada pode assumir a forma natural de equilíbrio – a esfera. Quando uma bolha de sabão é soprada de um anel, com freqüência ela é disforme no início. No entanto, depois de tremer um pouco, rapidamente torna-se uma esfera, por causa da tensão superficial. Essa é a forma mais eficiente e estável para resistir a energias externas. Cada porção da bolha é equilibrada. É possível que a estrutura de energia possa mudar da mesma maneira, com o tempo se transformando de uma forma não equilibrada em um globo perfeito. Se for assim, pode ser possível medir a idade de um espírito por sua aparência. Talvez quanto mais esférico o espírito pareça, mais velho e maduro ele seja.

Há uma outra teoria simples e mais reconfortante que também pode explicar os orbes. Com base na corroboração dos medidores, parece claro que muitos orbes paranormais carregam uma carga de eletricidade estática. Talvez um orbe seja invisível, mas sua carga atraia pequenas partículas no ar, da mesma forma que um pente carregado atrai um pequeno pedaço de papel. Talvez pequenos detritos aéreos sejam naturalmente atraídos pelo campo elétrico do orbe, imitando assim sua forma e desenho. Tal conglomeração fina e delicada pode ser virtualmente invisível para o olho nu, mas o *flash* brilhante de uma câmera o reflete facilmente. Nesse sentido, os orbes podem realmente ser causados por partículas de poeira – partículas que aderem a uma forma que de outra maneira seria invisível. Se for assim, não deve haver uma correlação direta entre o número de partículas no ar e a facilidade com que os orbes são capturados. A dificuldade residirá em determinar a diferença entre as anomalias causadas pela poeira errática e aquelas que representam uma forma mais avançada.

Em alguns casos, embora a pessoa tenha morrido idosa, sua aparição é vista como seu eu mais jovem. Como é possível isso? Outra teoria possível entra em jogo. Se eu pedir para você imaginar um elefante rosa com orelhas roxas, provavelmente você o visualizará mentalmente. Na verdade, a mente humana média está apta a visualizar quase qualquer coisa que possa ser descrita. Embora você consiga ver um elefante rosa, isso não significa que pode ter acesso a ele de qualquer maneira física. Um fantasma, no entanto, não está restrito à realidade física, como os humanos vivos. Portanto, um espírito pode ser capaz de mudar de forma à vontade. Ao visualizar uma mudança na aparência, um espectro pode ter a capacidade de escolher como é visto pelos outros. Se você pode alterar sua estrutura de energia, pode alterar o modelo ao qual os íons aderem. Talvez os espíritos sejam vistos como névoas ou orbes no seu estado físico "natural", mas manipulem sua aparência ao lidarem com seres humanos. Isso poderia também explicar por que os fantasmas nem sempre aparecem nus. Algumas vezes, roupas podem ser claramente observadas na aparição. Pode isso ser uma projeção do que a entidade quer vestir?

O modelo elétrico pode nos dar uma espécie de ajuda para entender os fenômenos básicos das entidades, mas não explica claramente como um espírito é capaz de fazer barulhos ou criar aromas. Sons são produtos de vibrações. Já que fantasmas podem acessar a força física por meio da eletricidade estática, eles podem criar vibrações. Alguns especulam que os espíritos podem até formar uma laringe feita de energia concentrada, capaz de fazer ressoar o ar. Quer isso seja ou não verdadeiro, devemos lembrar que o trovão, sem dúvida um poderoso barulho, é criado pela eletricidade. Quando o ar em expansão colide com outras frentes, eles se encontram com um estrondo. Essa é uma forma indireta, mas ainda assim realista, pela qual a eletricidade pode gerar sons.

A questão dos cheiros é ainda mais complexa. Testemunhas são com freqüência alertadas por um aroma específico – perfume ou fumaça de charuto, por exemplo – sobre a presença de um fantasma. Alguns meses atrás, investiguei uma propriedade assombrada, onde os cheiros eram uma parte significativa da atividade. Era comum um cheiro de "podre" no quarto. Quando uma fotografia era tirada em conjunto, uma anomalia com freqüência aparecia na foto. Talvez esses cheiros pudessem ser criados eletricamente.

Fortes concentrações de íons podem ter um cheiro próprio. A eletricidade estática no ar cria ozônio. Ele tem um odor refrescante e distinto. É possível, às vezes, senti-lo logo depois de uma tempestade elétrica. Mas é difícil imaginar como meras cargas possam duplicar uma fragrância específica. Isso se aplica a qualquer um dos aromas distintos que uma pessoa pode sentir quando um espírito está na área. Os cheiros são normalmente algo particular para a entidade, e podem causar um forte impacto no observador que conheceu a entidade na vida e imediatamente reconhece o aroma familiar. Se um cheiro fantasmagórico não é produto de uma *impressão* (como você verá na próxima seção), ele pode ser criado por uma ligação mental direta entre a testemunha e o espectro.

Algumas vezes, embora a sala esteja cheia de pessoas, apenas uma pessoa vê, ouve ou cheira um fantasma visitante. Evidentemente, essa pessoa muitas vezes é considerada louca. No entanto, se isso é realmente verdade, pode se dever a um fenômeno espiritual que tem implicações de longo alcance.

Jamais me esquecerei de uma experiência um tanto arrepiante que observei enquanto pesquisava uma casa assombrada em uma noite quente de outubro. Eu nunca estivera naquela casa antes, e tinha a companhia de vários amigos. A dona do local havia sido assolada por fenômenos espectrais durante anos. No entanto, ela mesma era uma entusiasta da atividade paranormal. Para ela, a atividade era uma bênção.

Vários de nós estávamos parados em uma sala ao pé de uma longa escadaria. Estávamos lá havia apenas alguns minutos, ainda ocupados com as providências iniciais. De repente, uma das mulheres do grupo, Cindy, gritou. Ela assustou o restante de nós para valer, e, antes que pudéssemos perguntar o que estava errado, ela já tinha saído pela porta. Estou acostumado a entrar em locais assombrados com pessoas paranóicas que se sentem desconfortáveis e podem fugir diante de qualquer coisa sem importância. Imediatamente pensei que fosse esse o caso: ela provavelmente tinha visto uma aranha ou algo assim e perdido o controle.

Todos saímos para encontrar Cindy no quintal, com o rosto lívido e lágrimas nos olhos. A dona da casa não parecia nem um pouco surpresa. Ela andou até Cindy e disse:

– Você o viu, não viu?

– Sim! Sim! – foi a resposta.

Depois de recuperar o fôlego e se acalmar um pouco, Cindy disse que tinha olhado para baixo das escadas e visto uma figura assustadora parada ali. Era um padre, translúcido na aparência, que tinha dado a ela um sorriso sinistro e então desaparecido.

– Ah, você pode ver o monsenhor! – exclamou a dona.

Contaram-nos que a propriedade tinha sido uma escola católica, e agora era assombrada por um padre e uma freira. O local embaixo das escadas era onde a aparição era vista com mais freqüência. Várias vezes, conforme alguém chegava ao primeiro patamar e se virava para continuar subindo, o fantasma aparecia embaixo, olhando com seu famoso sorriso para o indivíduo. Ao ser visto, ele normalmente sumia.

O restante de nós estava incerto de como encarar o incidente. Estávamos obviamente impressionados; Cindy nunca estivera no local e não tinha nenhum conhecimento da atividade. Eu mesmo havia levado aquelas pessoas para a propriedade na minha primeira visita lá. E, como descrevi, não havia nenhum conhecimento da atividade da casa até a experiência de Cindy. Por outro lado, estávamos todos parados na mesma área, olhando mais ou menos na mesma direção, conhecendo a dona da casa. Achei impossível um fantasma ter se materializado no local sem que o restante de nós o visse. No entanto, a dona da casa disse que o padre só era visível para certas pessoas algumas vezes, e ainda assim ele era claramente interativo, normalmente dirigindo um aceno ou sorriso a quem o visse.

Como é possível isso? Como é possível um indivíduo observar uma atividade flagrante não existente para o restante de nós? Não podemos simplesmente ignorar isso achando que é a imaginação de uma pessoa louca. Se fosse assim, como a imaginação de Cindy evocaria uma experiência coerente com a de outras pessoas? Poderíamos dizer que aquilo era uma fraude – que Cindy estivera ali antes e estava nos pregando uma peça. Mas não havia nenhuma evidência para indicar essa possibilidade. Que outras opções temos?

Da mesma forma que você e eu, uma entidade é ao menos parcialmente composta de energia mental. Isso equivale a dizer que ela, ao que parece, possui uma mente. É possível então que ela, às vezes, seja capaz de se comunicar telepaticamente com um observador? Embora para a testemunha o encontro pareça completamente externo, ele pode estar na verdade contido dentro da percepção do observador. Talvez alguns espíritos possam contornar seus sentidos físicos, passando informações diretamente para seu cérebro. Isso pode criar uma experiência subjetiva, do tipo que normalmente pouco contribui para a ciência. Com freqüência ouço histórias de pessoas sendo visitadas por espíritos em seus sonhos. É esse encontro apenas um sonho fantástico ou é mais fácil para uma entidade entrar na sua mente quando você está em um estado de sono?

Por outro lado, em vez de uma entidade que "emite" uma percepção para seu cérebro, talvez a chave seja o olho do observador. Na seção que trata de auras, discutimos o fato de que nem todas as pessoas vêem o mundo da mesma maneira. Alguns de nós são cegos para cores, enquanto outros podem ver cores que o restante de nós normalmente não percebe. Será que os olhos de algumas pessoas são mais capazes de ver a freqüência enigmática na qual os fantasmas aparecem? Alguns médiuns afirmam ser capazes de ver os mortos e se comunicar com eles baseados nesse princípio. Se esse fenômeno é válido, algumas pessoas podem ser mais receptivas ao "outro lado". Sabemos que outros tipos de vida na terra podem ver em campos invisíveis aos humanos. Por exemplo, muitos insetos podem ver a luz ultravioleta, em especial as abelhas. Como outras criaturas terrestres, algumas pessoas têm a capacidade de perceber mais do que a maioria em relação ao ambiente?

Não importa se a experiência é devida à capacidade do espírito de projetar informações ou à capacidade do observador de percebê-las; uma pessoa pode, às vezes, ter uma experiência particular com uma entidade, mesmo na companhia de outras pessoas. Um espírito pode transferir visões, pensamentos, cheiros, sabores, sons ou sentimentos dessa forma. Essa é com certeza uma teoria conveniente, já que pode explicar como qualquer experiência fantasmagórica, de qualquer espécie, pode ter um mecanismo pelo qual se manifestar. Da perspectiva do cientista, essa também é a qualidade perigosa de tal teoria. Se pudermos de repente explicar qualquer encontro com fantasmas como uma experiência subjetiva, não será muito diferente de chamar isso de alucinação (uma ilusão criada pela mente do observador). No entanto, sabemos que os espíritos têm qualidades objetivas, empíricas e documentáveis.

Como você verá mais tarde, podemos gravar manifestações fantasmagóricas em fotografias, em fitas de áudio, via detectores de campo de energia, e de várias outras maneiras. Todos esses instrumentos registram informações objetivas. Quando usadas de maneira eficiente, elas podem fornecer a evidência que prova que a atividade de fantasmas realmente ocorre. Não podemos provar que cada manifestação representa alguma forma de vida depois da morte. No entanto, é possível que tal evidência possa *com o tempo* levar a provas irrefutáveis da vida após a morte.

Independentemente de como as energias espectrais possam influenciar a percepção de um observador, é sempre necessário concentrar-se em conseguir evidências empíricas. De outra maneira, sua experiência é apenas outra história de fantasmas. Embora possa ser uma boa história, ela será muito mais valiosa com a documentação adequada. Além disso, é possível que seus sentidos percebam uma coisa enquanto o equipamento percebe outra.

Caça-fantasmas com freqüência revelam fotografias e encontram fotos de fantasmas que estavam invisíveis quando elas foram tiradas. Da mesma forma

Entidades

que a câmera foi capaz de captar algo que seus olhos não puderam perceber, é provável que, mesmo quando você *vê* um fantasma, ele apareça de alguma forma diferente na fotografia. Como toda a realidade, a experiência de encontro com fantasmas é uma combinação de experiências objetiva e subjetiva. O que se parece com uma névoa pode aparecer como orbes em uma foto. O que parece uma mulher sólida para o olho nu pode produzir um arco de luz em uma foto. É uma pena que nem sempre possamos documentar a experiência subjetiva da mesma forma que a objetiva. Talvez a tecnologia futura venha a mudar isso. Por enquanto, concentre-se no que importa mais.

Como você pode ver, tentar entender a atividade consciente de fantasmas é uma questão complexa. O desafio começa com o fato de estar lidando com um ser tão inteligente quanto você. Esse ser tem seu próprio livre arbítrio e força pessoal. A simples possibilidade de um espírito interagir com um ser vivo não significa que ele o fará. A psicologia das entidades é tão intricada e misteriosa como a psicologia das pessoas vivas. Além disso, parece claro que alguns espíritos são mais fortes do que outros. A força pode vir do puro tamanho, idade, composição ou maestria de romper o espaço entre o etéreo e o físico. Qualquer que seja o caso, alguns espectros são mais capazes de interagir conosco do que outros. Em seguida, para algumas experiências, as condições ambientais têm de ser adequadas, com a atmosfera apropriada para manipular cargas elétricas. Então, uma vez que o espírito se materialize, temos a tarefa de discernir entre a evidência objetiva e a subjetiva.

Para tornar-se um pesquisador de fantasmas eficiente, você precisa ser um pensador lógico e analítico, capaz de pegar diversas variáveis, tanto conhecidas como desconhecidas, e deduzir como elas se relacionam entre si. Conforme suas investigações continuam, você começa a ver padrões de atividade emergirem, tais como a consistência entre as condições climáticas. Apenas lembre-se disto: sempre que encontrar um fantasma, quanto mais informação você registrar sobre essa experiência, maiores as suas chances de aumentar seu entendimento. De todos os tipos de ocorrências fantasmagóricas, parece que as entidades são as mais predominantes. Ao mesmo tempo, elas podem ser as mais difíceis de entender.

Como Caçar Fantasmas

Tipos de Entidades

Até o momento, este capítulo nos mostrou como seres vivos e orgânicos podem ser capazes de ainda existir sem uma casca física. Nós nos concentramos nos fantasmas de humanos. No entanto, parece que entidades animais se manifestam da mesma forma. Eu com freqüência ouço sobre encontros com gatos ou cachorros fantasmas. Aqueles que os vêem dizem que eles parecem animais vivos e se comportam da mesma forma que eles. No entanto, eles são com freqüência translúcidos, e sua locomoção é compreensivelmente mais fluida. Como acontece com a maioria dos fantasmas, eles são vistos por alguns segundos antes de simplesmente desaparecer.

10. Uma aparição de um cavalo?
Foto: copyright © 2001 por Lynn Jackson/Lillian Ritch.
Todos os direitos reservados.

Uma das fotos paranormais mais interessantes que já vi foi tirada em uma fazenda assombrada em Lancaster, Carolina do Sul. Um dia, um cavalo completamente saudável caiu morto sem explicação. A família o enterrou perto da casa. Um pouco depois, uma fotografia foi tirada na área. Quando ela foi revelada, a aparição clara de um cavalo surgiu (Ilustração 10).

Quando pensamos em entidades animais, não devemos nos restringir a gatos, cachorros, corujas, lobos e outras criaturas da superstição tradicional. Cheguei a visitar lugares onde fantasmas de dinossauros foram avistados. De acordo com biólogos, os organismos na terra neste momento são apenas uma minúscula fração de todas as espécies que já existiram. Com certeza, há milhões de animais que já viveram e que nunca chegamos a ver. Mesmo os dinossauros não haviam sido descobertos até o século XIX, embora seus restos mortais sempre tivessem ficado disponíveis aos homens. Quantas muitas outras espécies não deixaram ossos ou traços para nós acharmos? As pessoas costumam relatar visões de entidades fantasmagóricas que não parecem humanas, mas com certeza parecem diferentes de qualquer animal conhecido. Poderiam ser fantasmas de criaturas não familiares do passado?

Pode ser confuso tentar entender como categorizar entidades espirituais, mas a situação torna-se ainda mais complexa se pensarmos que os fantasmas podem, às vezes, ter a capacidade de viajar pelo que percebemos como o tempo.

Em *The Field Guide to Ghosts and Other Apparitions*, Hilary Evans e Patrick Huyghe dedicam alguma reflexão a organizar fantasmas nas categorias passado, presente e futuro. Veja a seguir uma lista básica de cada tipo de espírito.

Fantasmas do Passado: São os fantasmas com os quais você está mais familiarizado. Normalmente, falamos de fantasmas do passado quando tratamos de entidades. Mas há um tipo de entidade que volta apenas algumas vezes depois da morte, identificada por alguns pesquisadores pelo termo inglês *revenant*[1]. Ela pode ser um espírito que está adiando

---

1 Literalmente, aquele que retorna de uma longa ausência, ou que retorna do túmulo. (N. do T.)

seguir em frente, ou que deseja realizar alguns objetivos rápidos – acertar algumas pendências – antes de deixar o plano físico. É diferente da *assombração*, um fantasma que permanece no plano físico por décadas, séculos ou até por mais tempo.

Fantasmas do Presente: Quando exploramos fantasmas, normalmente falamos dos restos paranormais de alguém ou de algo que não existe mais no plano físico. No entanto, algumas vezes o fantasma de uma *pessoa viva* é visto. É uma ocorrência extremamente rara. Este texto explorou o que pode acontecer quando o corpo etéreo deixa o corpo físico morto. Mas parece que o corpo etéreo pode às vezes deixar o corpo físico morto para trás, voltando mais tarde para continuar a vida como sempre.

Por milhares de anos, relatos têm surgido sobre experiências fora do corpo. As pessoas que as experimentam costumam relatar que são capazes de olhar para baixo e ver o próprio corpo físico dormindo. Elas então ocupam um corpo translúcido, completamente sem peso, que pode ser controlado pelo pensamento, chamado de "corpo etéreo". No entanto, nesse contexto, ele é com freqüência chamado de "corpo astral". Usando o corpo astral, elas são capazes de voar para qualquer lugar do mundo como um super-herói, passando pela matéria física. Na verdade, afirmam que os céus estão cheios de outros viajantes astrais. Algumas vezes, as pessoas falam de se descobrir fora do corpo inesperada e espontaneamente. Outras dizem que podem controlar a técnica e que o fazem quando querem. Isso é chamado de "projeção astral".

Tive longas conversas com um idoso chamado James Wright, que afirmava ser um ávido viajante astral. Quase toda noite, ele se deitava na cama, fechava os olhos e, com o tempo, entrava em um transe meditativo profundo. Ele não podia explicar como alcançava esse estado, mas considerava isso um dom natural. Logo James se elevava para fora do corpo e se descobria flutuando acima da cama. Nesse ponto, ele voava para longe, com a galáxia à sua disposição.

Entidades

Ele começou suas aventuras viajando para a Europa. Planava sobre uma esquina por horas e horas, apenas observando as pessoas andarem por lá e tratarem de seus negócios, totalmente inconscientes de sua presença invisível. Por anos, ele visitou cada parte da Terra que queria ver, e então decidiu alcançar a Lua! Finalmente, parou de fazer projeção astral por causa de uma experiência perturbadora. Uma noite, flutuou para dentro da casa de um amigo e encontrou a esposa dele na cama com um amante. James ficou atormentado com a idéia de contar isso ao amigo. A experiência o fez perceber que não era certo invadir a privacidade de outras pessoas, mesmo com seu dom. Isso o levou a se questionar em relação a toda a ética da projeção astral. Também ficou preocupado com a possibilidade de alguma outra entidade possuir seu corpo enquanto ele estivesse longe. No geral, ele pensou que teria bastante tempo para flutuar por aí depois da morte, então jurou manter-se literalmente no chão.

Histórias como a de James não são incomuns. Ao longo dos anos, encontrei ao menos uma dúzia de pessoas que afirmavam ter passado por algum tipo de experiência fora do corpo. É possível imaginar seu espírito saindo do corpo enquanto este continua capaz de manter suas funções vitais mecânicas. Algumas vezes – de novo, de forma extremamente rara – essas aparições de pessoas vivas parecem ser vistas, em geral por um período muito curto, não mais do que alguns segundos. Tal é especialmente o caso se há uma situação de crise. Lembra-se do possível contato telepático entre pais e filhos? Isso pode ser um fenômeno semelhante: algumas vezes, se uma criança se envolve em um sério acidente, sua imagem surge, em um instante de estresse, para os pais. Pode até ser possível ocorrer o contrário, os pais aparecerem para a criança. É quase como se, por um segundo, uma pessoa deixasse seu corpo, em geral involuntariamente, para ir em busca de ajuda. Esses tipos de Fantasmas do Presente são normalmente visitas curtas de um ente querido em um momento de emergência ou morte.

Há também casos em que um "duplo fantasma" aparece. Por exemplo, em 1845, treze alunos na Letônia observaram sua professora, Emilie Sagee, escrevendo no quadro-negro. De repente, havia uma duplicata exata dela, escrevendo a seu lado de forma idêntica. A professora estava inconsciente da ocorrência. O duplo era igual a ela de todas as formas, incluindo as roupas, exceto que não tinha nenhum giz. Depois de alguns momentos, as duas figuras se juntaram em uma só mulher de novo.

Um encontro com um *doppelganger*[2] é semelhante a ver um duplo. No entanto, em geral usa-se a denominação *doppelganger* se o duplo não está engajado nas mesmas ações. Um escritor uma vez me disse que estava andando em uma rua em Nova York quando teve a experiência mais chocante de sua vida. Em um ponto, ele estava olhando casualmente quando viu a si mesmo andando em sua direção! O seu *doppelganger* parecia igual a ele e até vestia as mesmas roupas. No entanto, parecia igualmente chocado em vê-lo. Eles se encararam por um momento e então a aparição sumiu.

Em um nível ainda mais estranho, há casos de pessoas que, realizando as tarefas mais triviais – lavando a louça, escovando os dentes etc. –, olham para o lado e vêem um amigo ou ente querido vivo parado ali. Depois de um segundo ou dois, a pessoa desaparece. Ao ligar para a pessoa cuja aparição foi vista, descobre-se que tudo está bem. Não há explicação por que isso ocorre.

Aparições de pessoas vivas – Fantasmas do Presente – são difíceis de se estudar. Manifestações dessa categoria normalmente acontecem só uma vez. Um caça-fantasmas deve estar ciente de sua existência, mas também deve ter em mente que elas têm pouca relevância para investigações de fantasmas.

Fantasmas do Futuro: Como os Fantasmas do Presente, essas entidades normalmente só aparecem uma vez. Um exemplo básico seria quando as pessoas vêem aparições de si mesmas ou de alguém que conhecem que parece estar mais velho do que a pessoa é atualmente. No entanto, na maioria das vezes, um espírito do futuro traz uma mensagem para informar o observador sobre eventos futuros. Esse tipo de fantasma é conhecido como "arauto". Ele normalmente aparece para trazer um aviso.

---

2   Palavra alemã que designa esse fenômeno. (N. do T.)

Funcionários de asilos de idosos com freqüência falam de arautos. Bem em frente a alguém que está prestes a morrer, eles muitas vezes vêem figuras próximas da pessoa. Em alguns casos, aparece um fantasma alto e vestido em um manto, parecendo-se bastante com o anjo da morte. Em outras ocasiões, espectros alados planam silenciosamente pelo corredor em direção ao quarto de um paciente.

Arautos podem também impedir a morte. Em um caso, um homem de negócios me contou que foi acordado de noite pelo espírito de seu pai morto. A aparição pediu que ele e a esposa se levantassem e partissem imediatamente. Eles logo perceberam que a casa estava em chamas. Se não fosse esse aviso, eles teriam morrido. Estranhamente, o que parecia um Fantasma do Passado, seu pai morto, veio avisá-lo de uma tragédia futura.

Quando pensa em um fantasma, o leigo médio pensa em uma entidade. Isso acontece porque a maioria das atividades fantasmagóricas – aproximadamente 60% – 70% – é produto de uma entidade.

A fim de identificar uma entidade, lembre-se de suas características:

1. São seres conscientes.
2. São normalmente humanos ou animais que morreram.
3. Com freqüência usam o ambiente elétrico para se manifestar.
4. Podem criar tanto experiências objetivas quanto subjetivas.
5. Podem vir do passado, presente ou futuro.

IMPRESSÕES

Entidades são normalmente algum tipo de vestígio de uma criatura viva. Mas e quanto a fantasmas de objetos inanimados? Um exemplo clássico é *O Holandês Voador*, um agourento navio-fantasma. Por cerca de dois séculos, ele tem trazido desgraça para aqueles que o vêem.

De acordo com a lenda, o cruel capitão do navio era um homem rígido e destemido. Quando ele e sua tripulação navegaram com a fantástica embarcação pelo Cabo da Boa Esperança, abaixo do extremo meridional da África, uma tempestade escura e aterrorizante surgiu. A tripulação, assustada, implorou que o capitão navegasse para um porto seguro. Ele, totalmente bêbado, vociferava. Riu dos ventos uivantes e das ondas que batiam de encontro umas às outras, e então gargalhou de maneira demoníaca enquanto gritava para Deus: "Você não tem poder para afundar meu navio!" Não é de surpreender que a embarcação tenha afundado.

Até hoje, *O Holandês Voador* é visto navegando pelas águas inquietas. Conforme a tempestade se intensifica, ele emerge, como de uma névoa, e então bóia pelo mar escuro uma luminescência espectral brilhando em todo o seu contorno. Depois, o navio desaparece em uma distância imprecisa. Acredita-se que alguém que observa essa visão deve aportar imediatamente.

Esse barco é obviamente o que pode ser considerado uma coisa sem consciência. Na verdade, até onde nos diz respeito, ele nunca teve consciência ou vida para começar. Você pode ver como uma aparição dessas entra em conflito com nossas idéias sobre entidades. É verdade que todos os objetos, até mesmo navios, têm um corpo de energia eletromagnética. Mas, se não estamos falando de mais nada além de um "navio de energia" que pode boiar por aí da mesma forma que um navio físico, por que ele flutua para longe ou vai para terra firme? Por que ele sempre é visto na mesma área geral sob as mesmas condições gerais, navegando da mesma maneira geral?

Algumas vezes, fantasmas não parecem conscientes. Eles ignoram completamente os observadores, e sempre olham e agem *da mesma maneira* – quase como uma gravação exibida de novo. Na prática, o fenômeno não é muito diferente de um curta-metragem em grande escala. Falta a eles a sensação de espontaneidade e interação encontrada em uma entidade.

Por exemplo, se um assassinato cruel ocorre no quarto de uma casa, durante anos testemunhas podem ver o assassinato específico reencenado na cama. Cada incidente será idêntico, e o assassino e a vítima não se comportarão como se estivessem sendo observados. É como se o evento gerasse no ambiente uma impressão que fosse de alguma forma registrada.

Estive em vários locais assombrados por espíritos de índios. Eu mesmo ouvi as batidas baixas de tambor que se deslocavam pela noite. Na verdade, minha equipe foi até mesmo capaz de gravar esse fenômeno. Por incontáveis anos, as batidas de tambor ressoaram nas colinas e vales. Ora, o ritmo espiritual delas está literalmente impresso sobre a área? Em algumas ocasiões – as ocasiões *certas* –, ele emerge de novo?

Quando parece que um evento significativo ou persistente foi impresso no ambiente, isso é chamado, de maneira bem apropriada, de IMPRESSÃO. Já que é quase como se o local tivesse algum tipo de memória, alguns pesquisadores também se referem a esse fenômeno como uma "assombração de memória do lugar" ou "assombração residual do lugar". Aliás, alguns parapsicólogos usam apenas o termo *assombração* ou *assombrado* para descrever o fenômeno. Você deve perceber que, neste livro, as palavras "assombrado" ou "assombração" são usadas no seu sentido mais geral, aplicado tanto a impressões psíquicas como à atividade de entidades conscientes. Para nós, um local assombrado é um lugar onde a atividade de fantasmas de qualquer tipo persiste por mais de um ano.

Impressões

Impressões são quase sempre vistas, e algumas vezes ouvidas. Em casos raros, uma impressão também pode ser sentida. Isso equivale a dizer que, se você vir uma impressão de um veículo acelerando em sua direção, ele vai normalmente passar por você. Por outro lado, existe a chance de ele *não* passar por você. Em alguns casos, uma impressão é mais do que apenas uma experiência auditiva/visual. Neste caso, você pode se machucar. Uma presença física real pode ser reproduzida quando a impressão se põe em movimento. Embora seja conveniente pensar em uma impressão como um filme curto gravado naturalmente, você deve se lembrar de que esse filme é capaz de registrar alguns ou todos os aspectos de uma experiência realista, integral e tridimensional. No entanto, eles apenas reproduzem alguns segundos, até um minuto, e só são vistos quando atendidas algumas condições desconhecidas. Mesmo as "impressões de aniversário", vistas em uma certa época todos os anos, nem sempre são confiáveis. Alguns observadores as vêem e outros não. Esses atos gravados podem se reproduzir apenas quando certos fatores ambientais estão presentes. Eles podem, portanto, ser influenciados pela presença de íons eletrostáticos, pelas mudanças magnéticas da terra, por padrões do clima ou por qualquer número de variáveis atualmente desconhecidas. Isso significa que, virtualmente, qualquer um pode observá-los se as condições forem atendidas. Por outro lado, a capacidade de observar impressões psíquicas pode, em vez disso, residir no olho do observador. Se essa informação é retida em uma forma que apenas algumas pessoas podem ver ou sentir, um observador que inconscientemente tem essa habilidade pode ficar surpreso em observar um incidente que os outros não vêem ou não podem ver.

Mas por que um acontecimento imprimiria a si mesmo no ambiente? E como? Albert Einstein uma vez disse: "A distinção entre passado, presente e futuro é apenas uma ilusão, no entanto persistente". Tendo essas palavras em mente, vamos explorar o próprio conceito de tempo.

Os seres humanos são capazes de viajar de maneira eficiente e organizar suas vidas dividindo o planeta de muitas maneiras. Estabelecemos linhas de grade de latitude e longitude. Criamos fusos horários, que resultam em dias e semanas mensuráveis. No entanto, essas linhas de grade e fusos horários são invenções da humanidade. Pegamos uma vasta realidade e usamos nossa imaginação para dividi-la em porções de referência gerenciáveis. Pelo fato de todos nós concordarmos em visualizar o planeta da mesma forma, somos capazes de coordenar nossas vidas de maneira mais eficiente. No entanto, pelo simples fato de essa forma de ver o planeta servir a seu propósito, você não deve se conformar em acreditar que ela descreva a realidade de maneira precisa. Ela fornece um jeito preciso para descrever a percepção de realidade do homem, mas isso não significa que represente como a realidade realmente parece e funciona. Não há linhas literais desenhadas no planeta! Embora a ciência seja uma busca pela verdade, ela nem sempre a indica; meramente nos fornece explicações que concordam com as observações.

Quando vemos um vulcão, podemos assumir que ele começa na superfície, já que isso é tudo que nós realmente percebemos. De fato, podemos lidar com eles apenas nos mantendo à distância. Chegar a essa conclusão não exige mais do que um "exame de superfície". No entanto, embora a superfície represente um papel definitivo e facilmente observável, isso não significa que alguém possa alcançar um entendimento completo de vulcões sem explorar fundo no interior da terra. Você precisa usar essa mesma linha de pensamento quando trata do conceito do tempo. A percepção do tempo é a mais misteriosa de todas as experiências humanas, e concordamos em vê-la como uma linha de eventos simples e irrevogável porque esse modelo normalmente corresponde a nossa experiência. Mas isso significa que o modelo representa de forma precisa a estrutura completa e as implicações do tempo ou talvez apenas a superfície?

Para a mente prática, parece que o passado literalmente se foi para sempre – reduzido a uma mera memória. Mas o que é o passado? A idéia de um passado e de um futuro é dependente da existência do presente. Afinal, o presente é o que divide o passado do futuro. Sem o presente, o passado e o futuro subitamente não têm sentido. Mas o que é o presente? Como o definimos? Para existir, o presente precisa ocupar uma posição finita em nosso conceito linear de tempo. Portanto, quanto tempo o presente dura? Um segundo? Ele não pode durar um segundo, porque um segundo tem um começo e um fim, e um intervalo no meio. Isso significaria que temos um passado e futuro *dentro* de nosso passado e futuro. Isso obviamente não faz sentido. Então, o presente dura meio segundo? Mesmo isso não funciona, porque, novamente, meio segundo também tem um começo e um fim. Na verdade, nunca poderíamos chegar a uma medida para o presente – não importa quão pequena – que não tivesse um começo e um fim. Portanto, se o presente não começar nem terminar – e ele realmente *não pode* começar nem terminar –, ele não existe de nenhuma maneira literal e definível.

Há claramente uma diferença entre a existência e a nossa percepção de existência. Muitos conceitos são uma invenção da humanidade, tais como o calendário, o tempo, a música e assim por diante. A fim de viver vidas produtivas de maneira pragmática, os humanos precisam dividir, categorizar e rotular a natureza. No entanto, a natureza nem sempre concorda com nossos rótulos – daí a necessidade de pular anos (e até mesmo de pular segundos). "Eventos de pulo" ocorrem quando nossos relógios lineares falham em dar conta do problema. A fim de compensar, precisamos fazer um remendo aqui e ali. Sabemos que nossa maneira atual de fatiar a realidade no tempo é imprecisa; de outra forma, não haveria necessidade de "saltos". O mesmo fenômeno pode ser visto de muitas maneiras diferentes, da mesma forma como você pode definir a mesma temperatura em graus Celsius e Fahrenheit. Nossa visão atual do tempo como uma rua de mão única é limitada demais?

Se entrasse em uma nave espacial e viajasse ao redor da Terra a aproximadamente 300 mil quilômetros por segundo (a velocidade da luz) por um ano, ao voltar à Terra você descobriria que todo o mundo teria envelhecido *dois* anos. Se você não entende a Teoria da Relatividade Especial de Einstein, isso pode parecer absurdo. No entanto, em 1971, um exercício foi realizado para testar esse princípio: o assim chamado experimento Hafele-Keating. O Observatório Naval dos Estados Unidos pegou dois relógios atômicos e os sincronizou até bilionésimos de um segundo. Um foi deixado estacionário em Washington, D.C., enquanto o outro foi colocado em um jato. A aeronave voou ao redor do mundo e então os relógios foram comparados. Como previsto, o relógio no chão estava aproximadamente cinquenta bilionésimos de segundo mais rápido em comparação com o outro. Em tais velocidades alcançáveis, a variação de tempo foi extremamente pequena, mas a possibilidade de viagem no tempo foi provada. Isso mostrou que o tempo é uma coisa flexível; conforme uma pessoa se move mais rápido, ele se desacelera. O tempo muda em relação ao observador e suas condições. A única razão pela qual não construímos ainda uma máquina do tempo é que não temos a tecnologia necessária para atingir esse tipo de velocidade e suportar esses tipos de forças.

Nossa idéia do passado, presente e futuro é baseada em nossa perspectiva única em relação à vida. O tempo para um ser humano não está necessariamente em consonância com o tempo para um inseto, um microorganismo ou um alienígena. Meu presente pode ser seu passado e vice-versa. O tempo é algo fluido. Quando Einstein diz que a distinção entre passado, presente e futuro é apenas uma ilusão, isso é aparentemente o que ele quer dizer.

Na vida cotidiana, usamos de maneira imprecisa o termo *presente*. Ele pode ser usado para descrever o dia, a hora, o momento ou mesmo uma era inteira. Pode ser empregado de maneira imprecisa porque não tem nenhuma definição real. Se algo não pode ser definido, ele realmente existe? Se não há um presente real – e portanto nenhum passado ou futuro –, então todo o tempo está na verdade ocorrendo ao mesmo tempo; nós simplesmente o estamos vivenciando um momento por vez. Isso é certamente uma idéia complexa, muito estranha à nossa maneira habitual de pensar sobre o universo e como o vivenciamos. Essa idéia evoca questões ainda mais complexas, como predeterminação e destino.

Lembra-se do dilema mente–corpo? Outro debate filosófico clássico é o conflito entre a liberdade e o determinismo. Por meio de uma série de experimentos mentais, expliquei como "o presente" não existe de uma maneira literal. Se não há presente e toda realidade está ocorrendo ao mesmo tempo, o futuro já ocorreu. Isso representaria uma visão *determinista*: o futuro é predeterminado. Isso deve explicar conceitos como sina e destino, que eventos inevitáveis *vão* ocorrer, fora de nosso controle. Uma perspectiva newtoniana rígida vê toda a existência como nada mais do que uma reação em cadeia entre partículas. Isso pode implicar que a realidade se comporta como bolas de bilhar em uma mesa: se souber o ângulo, a força e o movimento *exatos* da bola quando ela é atingida, você pode predizer o rumo e o destino de todas as outras bolas. Da mesma forma, se você soubesse as variáveis exatas de cada partícula de matéria no bigue-bangue, poderia predizer o rumo inteiro da história? Algumas pessoas têm um problema significativo com essa idéia.

Se tudo é determinado, isso significa que não temos escolha na vida, o que, por sua vez, significa que de repente você não tem liberdade. Isso não parece fazer sentido, no entanto, porque você pode pular de um penhasco a qualquer hora. Com certeza isso representa algum tipo de liberdade. Por outro lado, mesmo que você *pudesse* pular desse penhasco, você não pularia, pularia? Então talvez estivesse predeterminado que você *não* o fizesse. Além disso, de que forma algo como a liberdade pode existir cientificamente? A liberdade requer independência e espontaneidade, mas esses conceitos exigem um efeito sem causa. Como isso pode ser? Você pode ver os paradoxos naturais que surgem. Os grandes mistérios são sempre aqueles que percebemos como paradoxos. Você também pode perguntar: o que é o infinito? Não importa se a vida opera de uma forma livre, determinista ou de acordo com alguma combinação das duas, as implicações desse debate podem preencher um livro inteiro. No entanto, não nos deteremos mais nesse debate nesta obra.

Se o passado, o presente e o futuro estão separados por não mais do que nossa percepção subjetiva, é possível que eventos do "passado" estejam ocorrendo de forma simultânea com eventos do "presente". Nesse caso, talvez eles possam às vezes ser observados. No entanto, apenas certos eventos passados podem ser vistos como impressões, e eles normalmente são de natureza negativa. Mas por que algo trágico como um assassinato – em vez de uma coisa boa – "passa de novo"? A resposta pode residir na intensidade emocional do episódio.

Quando os seres humanos matam, seja a si mesmos, seja outros humanos, uma enorme quantidade de energia emocional é gasta. Este é especialmente o caso das batalhas. Na Guerra Civil Americana, havia dias em que milhares de homens assassinavam uns aos outros em questão de minutos. Quando gasta sob condições especialmente estressantes, a energia pode gerar uma impressão mais forte e mais distinta do que a criada por incidentes menos vigorosos, em especial se o ambiente for sensível eletromagneticamente, como uma fita de áudio. O ambiente possui alguma capacidade de registrar esses eventos que ocorrem nele? Se for assim, um incidente de alta potência pode imprimir-se de maneira mais forte e distinta. Talvez todos os eventos que ocorrem em um lugar sejam registrados de alguma forma. No entanto, atualmente não temos os meios para acessar a maioria dessas gravações. Por outro lado, aqueles especialmente poderosos são os mais fáceis de observar. Se pudermos entender exatamente o que nos dá a capacidade de vê-los, talvez possamos algum dia acessar todos eles! Uma gravação em uma fita de áudio some com o tempo. Será que o mesmo ocorre com as impressões?

Se todo o tempo está ocorrendo ao mesmo tempo, o futuro deve ser tão acessível quanto o passado. Se houver *muitos* futuros possíveis, ao menos um deles deve ser acessível. Talvez seja por isso que alguns paranormais e profetas são capazes de ver coisas que ainda vão acontecer. Suas percepções podem permitir que vejam o futuro (ou ao menos *um* futuro) por meio da visão de impressões psíquicas do passado.

Sabemos, de acordo com a relatividade, que devemos ser capazes de viajar pelo tempo se pudermos atingir a velocidade apropriada. Com nossa tecnologia atual, isso pode ser fisicamente impossível. Mas e quanto à mente? Não sabemos exatamente o que são os pensamentos. No entanto, eles podem se manifestar instantaneamente, e, se a telepatia é verdadeira, eles podem viajar de certa forma. É possível que os pensamentos sejam capazes de atingir a velocidade necessária para uma viagem *mental* no tempo.

Se alguém pode ver psiquicamente o futuro, isso é chamado de "precognição". Pode isso ser alcançado enviando-se pensamentos para "fora" e para o futuro? Mesmo se não pudermos criar atualmente uma máquina capaz de fazer isso, pode com certeza ser possível para a mente. Por outro lado, algumas pessoas afirmam ter a capacidade de ver psiquicamente coisas que ocorreram no passado. Isso é chamado de "retrocognição". Ao contrário do encontro tradicional com fantasmas, em que a manifestação parece ser objetiva, aqueles que experimentam a retrocognição e a precognição em geral sabem que estão tendo uma experiência particular e autocontida. Coletivamente, você poderia chamar de "clarividentes" as pessoas com essas habilidades.

Impressões

A mente humana é a coisa mais impressionante no universo observado, e essa é uma afirmação defensável. Não estamos separados da natureza e do universo; pelo contrário, somos parte íntima deles. Podem algumas mentes superar extremas barreiras físicas? Podem *todas* as mentes fazer isso de tempos em tempos?

Além de nos aprofundarmos em teorias misteriosas sobre o que pode ser o tempo, devemos examinar alguns dos acontecimentos práticos que podem mudar nossa visão dos eventos passageiros. Técnicos de áudio avançados dizem que já podemos ter a tecnologia para gravar conversas que ocorreram horas ou dias antes em um dado local. Ao falar, tudo o que você projeta na verdade são vibrações. O ouvido da outra pessoa interpreta as ondas como som. No entanto, as vibrações que criam o som nem sempre se dissolvem imediatamente. Algumas continuam a ricochetear pela área muito tempo depois de terem sido transformadas em um som por um ouvido. Se fizermos gravações extremamente baixas em um local, e depois as reproduzirmos em uma velocidade ultra-alta, essas ondas de som podem ser restauradas para sua velocidade original. Como você pode imaginar, tal tecnologia é de um valor especial para a comunidade jurídica.

O pessoal das estações de televisão e rádio fala de um estranho fenômeno no mundo das transmissões. De acordo com eles, houve notáveis incidentes em que shows de televisão ou rádio, transmitidos décadas antes, puderam ser sintonizados e experimentados como novos. As ondas de transmissão podem ricochetear na ionosfera por muitos anos antes de se dissolver. Isso pode ser semelhante ao fato de o ambiente ser capaz de manter as freqüências ressonantes de um intenso evento passado.

Os dois exemplos anteriores não representam um modelo especulativo de tempo e realidade. Em vez disso, são baseados em uma atividade conhecida – o comportamento das ondas eletromagnéticas. Embora não sejam produto de uma "viagem no tempo" em um sentido literal, elas proporcionam meios pelos quais algum evento que ocorreu no passado ainda possa ser detectado em um ambiente futuro. Pode o fenômeno das impressões ser uma versão mais complexa disso? Ou ele é causado por princípios do tempo avançados demais para nosso entendimento? Talvez a explicação para as impressões resida em algum lugar entre as duas.

Um exemplo mais impressionante envolve Walter Gibson, um conhecido mágico e escritor que viveu em Nova York. Usando o pseudônimo de Maxwell Grant, ele é mais conhecido como autor da série *O Sombra*, sobre um combatente do crime. O herói clandestino e aventuresco foi imortalizado por um show de rádio bem-sucedido e por quadrinhos na década de 30, além de um filme de destaque estrelado por Alec Baldwin, em 1994. Gibson foi um homem intenso, com um senso de concentração impressionante. Ele escreveu 283 livros do *Sombra*, e podia escrever um romance inteiro em menos de uma semana.

Por um período, ele se isolou em um chalé em Greenwich Village e desenvolveu um número extraordinário de livros em apenas alguns meses. Durante esse período, ele gastava uma quantidade incrível de energia imaginando seus personagens em detalhes vívidos. Futuros moradores do chalé afirmavam que o local era assombrado pelos personagens. Eles olhavam para um corredor e viam o Sombra virar em um canto, sua capa ondulando, ou assistiam a um vilão desvairado fugindo. Era como se os pensamentos de Gibson tivessem sido poderosos e concentrados a ponto de criar uma impressão que assumira alguma qualidade objetiva. Talvez o tempo e a realidade sejam tão maleáveis que alguns de nós possamos imprimi-los apenas com nossos pensamentos.

Sem levar em consideração como o tempo funciona exatamente, impressões paranormais nos mostram que, por qualquer razão que seja, os eventos podem ser registrados no ambiente. Quando eles ocorrem, há uma perturbação no ambiente eletromagnético, muito semelhante ao que ocorre quando uma entidade se manifesta. Na verdade, parece que as impressões se materializam de uma maneira idêntica a uma entidade – manipulando cargas eletrostáticas e campos eletromagnéticos para aparecer como um plasma. É claro, as energias criadas por uma entidade são capazes de se mover de uma forma errática ou espontânea. A energia de uma impressão mostra padrões no decorrer de um período, já que é a mesma coisa acontecendo repetidas vezes. Como você verá mais tarde, o equipamento atualmente usado para estudar entidades e impressões é o mesmo. Apontar a diferença entre as duas depende de sua observação atenta. É claro, com uma impressão, a história do local pode representar um papel mais importante também. Uma entidade pode se mover para outros locais, mas uma impressão permanece onde foi feita. Lembre-se de que um local pode ter várias impressões, mas cada impressão individual sempre se comportará da mesma forma básica. Qualquer variação em uma impressão, de manifestação a manifestação, pode refletir uma mudança nas condições ambientais, desgaste com o tempo ou uma alteração em alguma variável desconhecida.

Você viu que as entidades podem aparentemente vir do passado, presente ou futuro. É possível que elas transcendam o tempo de acordo com princípios semelhantes àqueles demonstrados pelas impressões. Você pode até descobrir que locais onde impressões ocorrem são mais propícios a se ver uma entidade. Qualquer que seja a anomalia eletromagnética em funcionamento, é um fator essencial ao lidar com fantasmas. Lembre-se: tanto entidades quanto impressões são fantasmas; apenas os tipos são diferentes. Com observações o suficiente, você pode apontar com facilidade a diferença.

Se a atividade fantasmagórica é imprevisível, errática, espontânea e interativa, ela é provavelmente o trabalho de uma entidade consciente. Se é previsível, redundante e não reage a observadores e mudanças no ambiente, ela é provavelmente uma impressão.

Impressões:

1. São não conscientes.
2. Podem aparecer como humanos, animais, plantas ou objetos inanimados.
3. Não mostram interação com observadores.
4. Repetem-se de maneira idêntica todas as vezes.
5. Permanecem no mesmo local.
6. Com freqüência usam o ambiente elétrico para se manifestar.
7. Podem criar tanto experiências objetivas quanto subjetivas.

DISTORÇÕES

Muitos investigadores tradicionais de fantasmas estudam apenas entidades e impressões, que são a base de 90% dos locais assombrados. No entanto, agora iremos nos aprofundar nos extremos da pesquisa paranormal. Vamos começar com o mais complexo de todos eles.

Se um local é assombrado por uma entidade, certas marcas de identificação são exibidas. A atividade será espontânea, errática e interativa. Se for uma impressão, será não consciente, previsível e não prestará atenção no que a rodeia. Algumas vezes, você pode encontrar um lugar com ambos. Mas e quando você encontra um lugar que inclui outras coisas além desses dois tipos de atividade?

Minha equipe e eu investigamos uma propriedade onde um número impressionante de ocorrências paranormais tinha sido relatado. Havia entidades conscientes que amarravam fisicamente os donos da casa, deixando cortes e machucados nítidos. Partes da casa e os veículos na propriedade explodiam em chamas sem explicação. Com freqüência os visitantes ficavam doentes ou sofriam ataques surpresa de dores e enjôos. Um bombardeio de impressões pulsava pelo terreno, e os donos captaram milhares de imagens anômalas em vídeo ou em fotos. Houve até mesmo uma ocasião em que alguém na casa virou-se para se descobrir diante do que parecia ser outra dimensão: um lugar horrível e surreal, com nuvens em redemoinho e atividade perturbadora. Então, ela desapareceu. Pequenos objetos, como talheres e canetas, transportavam-se para outros locais. De modo geral, qualquer tipo de manifestação fantasmagórica era possível, algumas vezes ocorrendo por meio de sincronicidades extremas e negativas.

Até o momento, a atividade que estivemos abordando é causada primariamente por eventos extraordinários que podem ter afetado qualquer local. No entanto, algumas vezes parece que *o próprio* local tem algo a ver com a atividade fantasmagórica. A Terra não é uma esfera perfeita. Na verdade, ela tem uma forma semelhante a uma pêra. Por causa disso, ela vibra em seu caminho de órbita. Basicamente, ela está longe de ser um corpo perfeitamente equilibrado no espaço. O campo magnético da Terra corresponde à forma física do planeta. O campo, tal como ela, não é equilibrado. Parece lógico, então, que alguns lugares no planeta sejam sujeitos a atividade geomagnética incomum, maior ou menor que no restante da Terra. Isso nem sequer leva em consideração os campos magnéticos causados por estresse físico nas falhas geológicas (veja o capítulo Naturais). Partes diferentes da superfície são também afetadas de uma maneira única com base em sua posição em relação ao Sol. Este lança rajadas maciças de radiação na Terra, e alguns lugares são mais, ou menos, afetados por isso também.

Há lugares na Terra onde as leis da física parecem ser distorcidas, e a realidade algumas vezes se comporta de maneiras não familiares, criando efeitos fantasmagóricos. Esse tipo de local é o que chamamos de DISTORÇÃO. Eles são raros, mas, quando um deles é localizado, em geral torna-se popular bem rápido. As pessoas ficam entusiasmadas com a idéia de ir para um local onde *quase tudo* pode acontecer. Uma das distorções mais populares é o Triângulo das Bermudas.

Pensar no Triângulo das Bermudas normalmente evoca imagens de navios afundando e aviões caindo. Realmente, desde 1900, mais de mil pessoas desapareceram sobre as águas entre as Bermudas, a Flórida e Porto Rico. Ainda mais convincente do que o número de desaparecimentos é a maneira como se manifestam. Por exemplo, considere os cinco aviões da marinha que desapareceram ao mesmo tempo em 5 de dezembro de 1945. Um pedido de socorro foi enviado pelo líder: "Não podemos avistar a terra... tudo está errado... estranho. Não podemos ter certeza de nossa posição. Parecemos estar perdidos. Até o mar não se mostra como deveria". O contato foi então perdido e enviaram um avião de resgate logo em seguida. Ele também desapareceu prontamente. Nenhum traço dos seis aviões foi encontrado até hoje.

Pilotos freqüentemente comunicam interferência com os instrumentos na área, como ponteiros de bússolas girando. Além disso, raios e bolas de luz misteriosos são vistos voando rapidamente por certas regiões. A primeira pessoa que registrou tais iluminações foi Cristóvão Colombo, em 1492. Ele escreveu sobre elas em seu diário de bordo. Não faltam contos de fantasmas na área, incluindo aparições, impressões e "deslizamentos temporais".

Nos anos 80, Rick Stratton – um técnico de equipe de televisão com cerca de 20 anos – e um amigo alugaram um chalé bem no interior da Nova Inglaterra. A casa isolada foi construída por colonos morávios no século XIX. Ele achou bom morar lá por várias semanas e não vivenciou nada fora do convencional. Uma noite, ele entrou na cozinha para pegar uma bebida. Quando passou pela porta, foi imediatamente surpreendido. A cozinha parecia completamente diferente. A sala inteira parecia "antiquada". O mais estranho de tudo: um homem estava sentado à mesa comendo, e uma mulher estava parada em frente à pia. Eles estavam vestidos com roupas antigas. O homem e a mulher, idosos, olharam para Rick e seus olhos saltaram de surpresa, como se estivessem vendo um fantasma. Rick os encarou por alguns segundos, cada pessoa sem fala. Então, eles sumiram, e a cozinha voltou ao normal.

Esse tipo de experiência não é um simples caso de uma entidade. A sala inteira estava diferente. Também não é uma impressão, já que o homem e a mulher estavam conscientes do observador e reagiram a sua presença. Então, aonde isso nos leva? É o tipo de fenômeno que podemos chamar de "deslizamento temporal". Pareceu que dois momentos no tempo, um no século XIX e outro no final do século XX, deslizaram e se combinaram por um período curto. Tal fenômeno pode ocorrer no local de uma distorção. Você pode ver por que ele ainda é classificado como fantasmagórico – ele demonstra atividade que nos permite observar algum resquício do passado, ou ao menos pensar que podemos observar.

As distorções exemplificam as questões mais complicadas com que a ciência se depara hoje. Esses são os lugares onde a realidade não é apenas afetada por uma anomalia, mas onde a própria realidade se comporta de uma maneira anômala. Elas podem distorcer todas as suas idéias sobre como a realidade funciona. O que é em cima pode passar a ser embaixo, e dentro pode virar fora. O tempo pára, se inverte, corre para a frente, ou não tem nenhum senso de direção. Você pode ter alucinações, ou descobrir que o ambiente a seu redor mudou por um período imensurável. Pode haver uma quantidade inacreditável de energia eletromagnética, ou, surpreendentemente, nenhuma energia. Basicamente, as distorções são pontos ativos amorfos de fenômenos fantasmagóricos e atividade paranormal em geral.

É difícil definir as distorções, já que o âmbito de suas manifestações pode ser completamente estranho e imprevisível. Elas são uma espécie de miscelânea paranormal. Por essa razão, é fácil, para alguns, olhá-las com desdém. Elas são difíceis de definir. As distorções não são ativas o tempo todo, e as condições necessárias para despertar sua atividade são um mistério.

As distorções são com freqüência cheias de entidades – algumas vezes centenas ou milhares. Talvez por distorcerem o espaço/tempo elas consigam criar *portais* naturais. Esses portais são "entradas" pelas quais uma entidade pode ser capaz de se materializar, ou ganhar algum tipo de acesso físico, mais facilmente. Em geral, essas entidades também são capazes de gerar mais força devido ao "véu rarefeito".

É raro achar uma distorção forte. No entanto, se você encontrar, ela pode fornecer toda uma vida de material de pesquisa. Muitas vezes, acredita-se que locais sagrados sejam distorções, especialmente aqueles escolhidos pelos antigos celtas e egípcios. Alguns até acreditam que as pirâmides foram feitas para *criar* distorções. A idéia é que tais estruturas, pela natureza de seu projeto, manipulam energias. Você pode ter ouvido sobre "o poder das pirâmides". Ao longo de toda a história, vários inventores e fabricantes têm afirmado que você pode afiar uma navalha cega colocando-a sob uma pirâmide de papelão. Dizem que plantas colocadas embaixo de uma estrutura com esse formato crescem mais, e que

Distorções

carne guardada nelas se decompõe mais lentamente. Diz-se que pendurar uma pirâmide de papelão sobre sua cama estimula sonhos vívidos.

Qualquer que seja o caso, nosso planeta é, em muitas maneiras, superior a nossa tecnologia. Capacitores (dispositivos para armazenar, reforçar e manipular cargas elétricas) não tinham sido "inventados" até 1745, quando o cientista alemão Ewald Georg von Kleist desenvolveu a primeira jarra de Leyden. No entanto, por bilhões de anos, a Terra tem sido um capacitor natural. O chão é um eletrodo, a atmosfera superior, outro, e o espaço entre eles, um isolante. A vida na terra era movida a energia solar bem antes de Einstein explicar o efeito fotoelétrico. Muitas e muitas vezes nos descobrimos imitando a natureza, mas nos dando tapinhas nas costas como se o conceito fosse originário dos humanos. Por outro lado, há ainda uma porção de fenômenos incríveis produzidos pela natureza e que o homem nunca aprendeu a duplicar para propósitos práticos. Você irá apreciar ainda mais esse conceito depois de ler o capítulo Naturais.

Você pode ter lido sobre buracos negros. São áreas de massa tão densa que até mesmo a luz não consegue escapar. Durante anos, os buracos negros foram considerados fruto da imaginação. Agora, cientistas confirmaram que eles realmente existem. O famoso físico teórico Stephen Hawking escreveu sobre o que hoje chamamos de Radiação Hawking. Trata-se de uma emanação de energia que pode indicar a presença de um buraco negro. Ela é baseada na idéia de que algumas partículas *podem* escapar de um buraco negro – aquelas lançadas de volta ao espaço conforme o buraco negro lentamente se dissolve com o tempo. Dentro de um buraco negro está um ponto chamado de "singularidade". É o ponto no qual as leis da ciência falham e não podem ser aplicadas.

É possível que, *algumas vezes*, *algum* tipo de fenômeno limitado semelhante a uma singularidade possa existir em *alguns* lugares na Terra? Normalmente, a atividade de fantasmas trata de um aspecto do passado que ainda representa um papel paranormal no futuro. Uma distorção é um lugar que pode essencialmente turvar as distinções de passado, presente e futuro. Quando você encontrar uma delas, esteja preparado para tudo.

Distorções são:

1. Áreas onde as leis convencionais da física podem falhar.
2. Lugares onde o tempo linear nem sempre se aplica.
3. Locais infestados com entidades, impressões e uma porção de outras atividades paranormais.
4. Áreas imprevisíveis que podem distorcer as percepções além do entendimento da lógica.

ATIVIDADE POLTERGEIST

A palavra *poltergeist* é alemã. O verbo *polter* significa "barulhento", e *geist* significa "fantasma". Portanto, temos um "fantasma barulhento". Isso se refere ao comportamento ruidoso de uma suposta entidade. No entanto, o significado desse termo mudou com o tempo.

Tradicionalmente, acreditava-se que poltergeists eram espíritos travessos que gostavam de assustar pessoas e pregar peças. Eles sempre tiveram notoriedade por serem *extremamente* interativos com o ambiente físico, sempre movendo e atirando objetos, abrindo tampas de garrafas, piscando luzes, fazendo barulhos altos e coisas do tipo. Além disso, poltergeists sempre foram considerados os mais cruéis e exibidos dos fantasmas, aparentemente apreciando o choque das testemunhas. À primeira vista, a atividade desse tipo parece o sonho de um pesquisador paranormal. O problema, no entanto, está sempre nos detalhes.

Entre o começo e o meio do século XX, conforme gastaram mais tempo buscando esse tipo de atividade, os pesquisadores começaram a perceber coisas enigmáticas em relação a isso. Para começo de conversa, embora muita atividade fantasmagórica ocorresse, e parecesse que alguma entidade invisível estivesse influenciando o ambiente, a suposta entidade não era normalmente vista. Além disso, diferentemente da assombração tradicional, o fenômeno era temporário (em geral, apenas de uns poucos dias a poucos meses). Mas o mais significativo de tudo era o fato de que ele parecia centrar-se em volta de um indivíduo, normalmente chamado de "agente". Embora qualquer um *possa* ser um agente, na maioria dos casos era uma adolescente. Isso acabou levando os pesquisadores a desenvolver novas teorias sobre o que a atividade poltergeist pode ser.

93

As adolescentes passam por mudanças hormonais extremas. Por causa disso, gastam muita energia emocional. É muitas vezes uma época confusa, sombria e frustrante para uma jovem. Parecia possível que um poltergeist fosse uma entidade misteriosa que se alimentava dessa energia, atraindo-a para si e então expelindo-a no ambiente. Talvez o espírito ficasse por um tempo limitado, usando a energia em excesso enquanto ela estivesse disponível. No entanto, parecia mais provável que um poltergeist não fosse uma entidade de modo algum. Isso se deve especialmente ao fato de quase nunca uma entidade ser vista. Sendo genuína, a telecinese – a capacidade de controlar diretamente o ambiente com o pensamento – pode ser uma capacidade humana reprimida. Nesse caso, parece possível que essas jovens mulheres liberem subconscientemente, em rajadas de energia telecinética, suas frustrações contidas. Portanto, elas mesmas podem não ter idéia de que estão causando a atividade. Passado o período climático do estresse hormonal e a tensão mental, a atividade pára. É possível que essas garotas se tornem adultas com maior propensão a capacidades telecinéticas?

Há algumas décadas, pesquisadores paranormais têm exigido que a atividade poltergeist satisfaça um conjunto específico de padrões. A atividade seria temporária, centrada em torno de um objeto, e concentrada na perturbação de objetos físicos. Essa maneira de ver a atividade poltergeist atendeu bem a seu propósito. No entanto, conforme o tempo foi passando e os pesquisadores foram capazes de estudar ainda mais fenômenos, parece que a definição precisou ser ampliada um pouco. Talvez esse cenário tradicional seja apenas parte de uma categoria maior. Para nossos propósitos, devemos agora redefinir esse termo: onde quer que a manifestação repetida da atividade fantasmagórica seja primariamente dependente da presença de um indivíduo ou de indivíduos específicos, essa é uma ATIVIDADE POLTERGEIST.

Em uma casa assombrada por entidades, devemos ser capazes de montar uma câmera no lugar, deixar a propriedade e registrar fenômenos na casa vazia. As entidades podem não ser tão ativas como são quando alguém está pelas redondezas, mas elas ainda possuem capacidade de influenciar o ambiente, e essa capacidade não é limitada por quem está no local. Da mesma forma, devemos ser capazes de capturar atividades de impressões quando ninguém está por perto. O mesmo pode ser dito da maioria dos fenômenos de uma distorção. No entanto, qualquer que seja a atividade poltergeist, seja produto de uma entidade que está usando a energia de um agente, seja um poder telecinético inconsciente do agente, ela é primariamente dependente da presença física dele. Essa é a única categoria de fenômenos fantasmagóricos que é especificamente dependente da presença humana.

De fato, como no entendimento tradicional, a maioria dos agentes é mulher. E é verdade que as adolescentes – passando por mudanças hormonais – costumam ser as suspeitas usuais. Na maioria das vezes, essa atividade não dura mais do que alguns meses. Em casos raros, manifesta-se espontaneamente por toda a vida da pessoa. As ocorrências podem até mesmo cessar por anos, então voltam um dia. Embora haja a chance de uma entidade ser responsável por essa atividade, esse provavelmente não é o caso, já que ela raramente é vista, e os efeitos não revelam "traços de personalidade" com o tempo.

Na maior parte do tempo, fenômenos de fantasmas se manifestam por meio de ocorrências sutis e ainda assim distintas. Algumas delas ocorrem de maneira tão calma e controlada que você pode não perceber, a não ser depois do fato. São, geralmente, os casos de objetos mudados de lugar. É comum que moradores de uma casa assombrada descubram, surpresos, que itens em seu lar foram movidos. No entanto, é muito raro que alguém realmente veja o transporte. Em casos de poltergeist, o ambiente é afetado de uma maneira repentina, dramática e muitas vezes volátil. É como se ele fosse atingido por algum tipo de erupção violenta de energia que gera um impacto brusco e imprevisível no ambiente. Embora sons misteriosos, e a sensação de um toque físico, também possam com certeza ser sentidos, a influência é normalmente mais notável em objetos físicos.

Deborah, de 30 anos, sofria com atividades poltergeist havia quase dois anos. Considerava que as ocorrências eram causadas por uma entidade desordeira. Na verdade, acreditava que o espírito a estava aterrorizando individualmente, já que a atividade era mais ativa na presença dela. Além de temer o que essa força invisível pudesse fazer, Deborah achava a atividade embaraçosa, já que esta a "seguia". A vida social de Deborah tinha afundado completamente. Ela temia ser vista como possuída ou praticante de feitiçaria se as pessoas descobrissem o que estava acontecendo. Em ambos os casos, isso exigiria uma explicação estranha, e essa era uma questão que a deixava extremamente desconfortável.

Depois de investigar sua casa por várias horas, meus colegas e eu pudemos rapidamente determinar que atividades paranormais estavam, de fato, ocorrendo ali. Captamos flutuações maciças de energia eletromagnética e infravermelha, e notamos objetos que pareciam ter se movido em várias ocasiões. Algumas fotografias mostravam estranhas áreas "desgastadas" em volta de Deborah. No final da tarde, um colega pesquisador e eu nos sentamos no sofá de frente para Deborah, que estava de pé diante de nós. Atrás dela, na parede, havia uma pintura serena. Em ambos os lados da pintura se via uma pomba de madeira decorativa, cada uma delas pendurada na parede por um prego. A mulher, desesperada, estava contente em ouvir que tínhamos documentado algumas ocorrências enigmáticas em sua casa. Em seguida, sua atenção voltou-se completamente para como poderíamos acabar com aquela atividade. Fui honesto com ela, dizendo que não havia nenhuma maneira garantida de parar o fenômeno. Tão logo a realidade e o impacto das minhas palavras se assentaram sobre ela, vi uma tristeza se instalar em seu rosto e de novo um brilho duro surgiu em seus olhos. E então, aquilo aconteceu.

Estávamos olhando fixamente para Deborah. Na parede atrás dela, houve uma explosão de movimento. Uma das pombas decorativas lançou-se da parede em uma explosão de energia. Ela planou por vários metros, voando em um grande arco, então colidiu com o chão, e pedaços caíram para todo lado. Quando isso aconteceu, uma espécie de onda de choque palpável – uma brisa forte de energia indescritível – nos acertou no rosto. Era como se a sala tivesse tremido, e eu me sentei aturdido, verdadeiramente espantado. Nesse ponto, Deborah deixou cair a cabeça de maneira lúgubre. Com uma quietude fraca e derrotada em relação a ela, agachou-se e começou lentamente a juntar os fragmentos. Murmurou algo como: "Isso acontece o tempo todo".

O que aconteceu quando a pomba de madeira saiu da parede? Ela foi jogada por uma entidade que não havia gostado da conversa sobre sua expulsão? Ou aquilo foi produto de uma rajada telecinética de Deborah? Quando ela percebeu que não havia nenhuma solução simples e fácil para o problema, o pensamento foi tão desconcertante que seu estresse instigou uma emissão telecinética? Embora Deborah afirmasse nunca ter produzido conscientemente um efeito telecinético, ela sentiu que possuía alguma habilidade psíquica. Isso tinha a ver especialmente com experiências telepáticas.

Apesar da possibilidade de alguma entidade ser responsável por esses eventos, nunca observamos nem documentamos nenhuma evidência direta de tal ser. Uma vez após outra, a atividade afetava o ambiente físico, e sempre algo significativo ocorria. Deborah estava presente. Você precisa diagnosticar uma situação baseada nos sintomas. Parecia inegável que estávamos bem no meio de um caso de poltergeist. Era óbvio que a atividade dependia da presença da agente. Você pode se perguntar por que nem *todas* as ocorrências foram quando ela estava por perto. Talvez todas as atividades paranormais *genuínas* tenham ocorrido assim. No entanto, as pessoas cometem enganos de tempos em tempos, acreditando ter presenciado um evento sobrenatural quando apenas presenciaram uma ilusão de ótica ou algo mais mundano. Mas, em um lugar visto como assombrado, as pessoas tendem a automaticamente pôr a culpa de tudo nos fantasmas. Se você está em uma casa assombrada e um rato corre pelo chão, criando uma sensação de movimento acompanhada por um barulho, é fácil dizer que se trata da manifestação de um fantasma. Seria conveniente assumir que foi isso que você sentiu. Talvez eventos muito comuns tenham sido interpretados como paranormais quando Deborah não estava por perto.

Até hoje, Deborah vivencia a atividade de tempos em tempos. Ela é uma dessas raras pessoas que podem ser rodeadas por esses incidentes a vida toda. Em várias ocasiões, pedi a ela que participasse de experimentos telecinéticos. Ela se recusou. Parece sinceramente temerosa de descobrir que pode ser capaz de produzir os efeitos. É como se na mente dela isso a tornasse semelhante a uma feiticeira, algo que ela acredita ser maléfico, que desafia sua religião cristã.

A atividade poltergeist pode ser um dos fenômenos mais espetaculares no mundo da pesquisa paranormal. É raro observar efeitos físicos como aqueles dos filmes de fantasmas, mas é isso que os poltergeists podem proporcionar. Quer se trate de um produto de uma entidade que se alimenta do indivíduo, quer se trate da capacidade psíquica da própria pessoa, é sempre um assunto poderoso. Humanos possuem um tremendo potencial de energia. Quando efetivamente aproveitado, esse potencial pode criar mudanças notáveis e drásticas no ambiente.

Há mais uma coisa que você deve lembrar quando estiver estudando esse tipo de atividade. Seja o que for que crie o fenômeno poltergeist, ele é, ao menos de alguma maneira, dependente da utilização de energia. O mecanismo pelo qual isso ocorre é atualmente desconhecido. No entanto, o processo de extrair energia, independentemente de como ele de fato funciona, parece afetar a mente e o corpo do agente. Um agente pode ser um indivíduo volátil e instável. Pode flutuar entre ser extremamente cortês e gentil e ser rude e desatencioso. A mente de um agente pode com certeza ser turvada ou desencaminhada pela atividade. Quando se associar com a pessoa, seja cauteloso. Em alguns casos, você pode ter de fazer a vontade dela para reprimir uma tendência violenta espontânea.

No final das contas, costuma ser difícil estudar a atividade poltergeist sistematicamente por causa de sua brevidade e do estresse que impõe ao agente. Pesquisadores que tiverem a sorte de observá-la devem aproveitar ao máximo esse fenômeno raro e espetacular. Um melhor entendimento desses casos deve levar a uma compreensão mais profunda da psique humana, e, talvez o mais importante, a seu relacionamento complexo com o ambiente físico.

Atividade poltergeist:

1. É dependente da presença de um indivíduo ou de indivíduos específicos.
2. Normalmente tem maior impacto sobre objetos físicos.
3. Costuma ser temporária.

NATURAIS

Anteriormente, neste livro, mencionei a diferença entre fenômenos causados por fantasmas e fenômenos que *parecem* ser causados por fantasmas. Uma vez mais, a questão pode ser ilustrada com um ímã comum. Se nos tempos antigos uma pessoa colocasse um pedaço de ferro próximo a um ímã, ela observaria algo parecido com um efeito místico. Alguma força invisível seguraria o ferro e o puxaria pelo ar para atirá-lo de encontro ao magneto. A experiência seria súbita, poderosa, e poderia ser repetida. As pessoas não tinham como encontrar sentido nessa ocorrência; com certeza não podiam compará-la a qualquer outro aspecto de suas vidas. Por causa disso, era compreensível que a magnetita fosse considerada uma substância mágica com poderes sobrenaturais. Com o tempo, a ciência foi capaz de explicar esse efeito fantasmagórico em termos que de maneira alguma têm a ver com fantasmas. Podemos chamar isso de FENÔMENO NATURAL, ou, mais simplesmente, um NATURAL: um fenômeno raro que parece causado por fantasmas, mas na verdade é criado por alguma propriedade cientificamente desconhecida da natureza atual. Note a palavra *atual*. Segundo nossa definição livre, a atividade de fantasmas é um resquício paranormal de algo separado de sua manifestação original, normalmente significando "do passado". Um natural é completamente do tempo atual. Ele imita atividades que, a uma observação humana menos atenta, parecem coisas de fantasmas.

A Brown Mountain é uma longa cadeia de montanhas na Floresta Nacional de Pisgah, na fronteira dos municípios de Burke e Caldwell, Carolina do Norte. No decorrer do século passado, ela se tornou internacionalmente famosa por suas "luzes fantasmagóricas". De acordo com a lenda local, os índios Cherokee e Catawba travaram uma batalha feroz na cadeia montanhosa, em alguma ocasião por volta do ano 1200. Diz-se que os guerreiros marcharam para a batalha de maneira cerimoniosa, com tochas em chamas. Quando a luta terminou, as mulheres em luto aventuraram-se à noite na cadeia montanhosa, também à luz de tochas, em busca de seus amados mortos. Logo depois do evento, as luzes começaram a aparecer na montanha. A população sempre pensou que os brilhos estranhos na Brown Mountain fossem causados por espíritos errantes dos índios, com suas tochas ainda queimando.

A cadeia é um lugar escarpado e traiçoeiro para se aventurar. Partes dela são marcadas por trilhas perigosas e rochosas. Elas podem ser atravessadas a pé, a cavalo ou com veículos para todos os terrenos. Ela também é uma reserva de ursos-pretos e serpentes mortais, que fazem lares confortáveis entre as placas de granito. Por ser tão inconveniente alcançar e explorar o local, as luzes normalmente são observadas a uma distância de vários quilômetros. A essa distância, elas ainda podem ser vistas bem brilhantes, mas as descrições variam.

Os pontos luminosos são geralmente "bolas de luz", que podem ser de praticamente qualquer cor. No entanto, elas são com mais freqüência brancas, laranja, amarelas ou vermelhas. Sua aparição é espontânea e imprevisível. Você pode observar as montanhas por semanas e não ver nenhuma. Então, de maneira sensacional, elas aparecem. Você pode ver uma luz que fica no meio da cadeia montanhosa por um minuto. Ela pode aumentar o brilho por alguns segundos, depois diminuir por outros poucos, então aumentar o brilho de novo, e assim por diante. Quando fazem isso, são mais freqüentemente vermelhas na montanha, ficando brancas quando aumentam o brilho. Você pode também ver a atividade mais estranha de todas: a luz começa a se mover – dançar um pouco pela região... e então se dividir em três ou quatro luzes menores, cada uma aparecendo em uma espécie de órbita em volta das outras. Em seguida, as luzes podem se alinhar e se mover pelas montanhas, do mesmo jeito que almas andam com tochas (Ilustração 11). Essa linha fantasma vagueia pelo topo da cadeia montanhosa e some, ou algumas vezes apenas chega a um ponto onde diminui de intensidade e torna-se uma luz vaga e dispersa.

*11. "Troop" Luzes misteriosas em Brown Mountain, Carolina do Norte.
Cortesia: Joshua P. Warren*

As Luzes da Brown Mountain têm desconcertado cientistas. Elas foram investigadas pelo menos três vezes pelo governo dos Estados Unidos, duas vezes pela Geological Survey e uma vez pelo Weather Service. Até o Instituto Smithsonian, em Washington, D.C., enviou um grupo de pesquisadores. Começando nos anos 70, a ORION (Oak Ridge Isochronous Observation Network – Rede de Observação Isócrona de Oak Ridge), uma equipe de cientistas do Laboratório Nacional de Oak Ridge, passou uma década acampando na montanha e realizando uma vasta quantidade de experimentos. Pesquisadores testaram a possibilidade de gases naturais, miragens, plasmas e outros suspeitos típicos. No entanto, em nenhum caso uma explicação possível foi comprovada. Para muitos, isso aumentou a possibilidade de se tratar de atividade extraterrestre, manifestações de fantasmas ou outros fenômenos esotéricos.

O fenômeno também inspirou uma porção de mentes criativas. Eles são a base de um grande sucesso do gênero *bluegrass*, a canção "Brown Mountain Light", lançada na década de 60. As luzes são retratadas em várias obras de ficção e não ficção, tais como o romance de Andy Anderson, *Kill One, Kill Two*, e foram até mesmo a base para um episódio de 1999 da série de televisão *Arquivo X*. Apesar de todo o interesse, o enigma permaneceu.

As Luzes de Brown Mountain foram documentadas pela primeira vez em 1912. Apesar de, ao longo dos anos, terem sido vistas por um grande número de pessoas, era virtualmente impossível captá-las em filme ou vídeo. Embora sejam brilhantes para o olho nu, ainda estão a quilômetros de distância, contra um horizonte escuro. O primeiro registro em vídeo do fenômeno foi captado no outono de 2000. Eu tenho orgulho em dizer: isso foi feito pela L.E.M.U.R.

Durante uma série de expedições da L.E.M.U.R. naquele outono, observamos as luzes com força total. Na maioria das ocasiões, o vice-presidente da equipe e especialista de tratamento de imagens, Brian Irish, utilizou sua câmera de vídeo digital de visão noturna infravermelha. Na gravação, não apenas as luzes são visíveis, mas a própria cadeia de montanhas pode ser vista, permitindo-nos estudar os lugares específicos na montanha onde as luzes aparecem. Nossa investigação da Brown Mountain ainda está em andamento. O que achamos que as luzes são?

Atualmente, não há prova para nenhuma explicação das Luzes da Brown Mountain. Como somos pesquisadores de fantasmas, a maioria das pessoas espera de nós a explicação de que se trata de fantasmas. Afinal, as luzes parecem consistentes com as histórias fantasmagóricas. Não acreditamos ter a explicação, mas tendemos a pensar que não há razão para ir direto a uma conclusão que envolva fantasmas.

A Brown Mountain é composta de um tipo de granito de extraordinária qualidade. No entanto, é quase completamente composta de falhas de empurrão. Esses são os lugares onde uma placa de terra desliza em cima de outra. Elas podem se esfregar para trás e para a frente, causando um bocado de estresse. A área contém uma porção de quartzo. Sempre que você aplica pressão a qualquer rocha ou cristal, ela cria eletricidade. Na verdade, você pode esmagar um cubo de açúcar com um martelo e ver um flash de energia azul. Mas com o quartzo, especialmente, isso é mais comum. Você já deve ter visto ou usado um isqueiro

Naturais

que acende o butano com uma faísca elétrica. Isso é criado esfregando-se um pedaço de quartzo. O efeito é chamado *piezoeletricidade*.

É possível que as falhas criem eletricidade que influencia a área. O chão pode, na verdade, conduzir essas cargas, ou elas podem simplesmente se manifestar em explosões que criam fortes campos eletromagnéticos na área. É também possível que a energia eletrostática da montanha se combine com o ambiente eletromagnético, criando uma forma rara de plasma estável, normalmente conhecido como relâmpago globular. Cientistas não entendem exatamente como o relâmpago globular é criado. No entanto, é claramente uma manifestação elétrica.

Parece que as Luzes da Brown Mountain são bolas de energia brilhante. Elas aparecem de maneira inexplicável, e desaparecem da mesma forma. E as pessoas próximas dizem que elas podem interagir com seu corpo. Essa atividade é com certeza "fantasmagórica", mas pode-se dizer que descreve um fantasma verdadeiro? Talvez o faça, mas também pode descrever um fenômeno elétrico, sensível e reagente aos campos elétricos do corpo humano. Então, o que devemos concluir?

Devemos assumir o mínimo possível quando definimos fatos. A explicação mais simples normalmente acaba sendo a correta. Você deve excluir todos os fenômenos convencionais antes de apelar para explicações relacionadas a fantasmas. As Luzes da Brown Mountain podem ser o produto de espíritos, ou podem ser um fenômeno natural. Mas o que é mais provável?

Em termos de evidência, temos fotos e gravações em vídeo de luzes estranhas movimentando-se ao redor da montanha. Não temos documentação delas assumindo interações conscientes, apesar de histórias não confirmadas. Não podemos sequer provar se ocorreu a batalha entre os índios. Para onde isso nos leva?

O que quer que elas sejam, não há razão para adotar direto uma conclusão sobrenatural. *Esta* conclusão deve sempre ser guardada como um último recurso. Portanto, acabamos com algo que é provavelmente um bom exemplo de um "natural" – um fenômeno que parece consistente com a atividade fantasmagórica, mas na verdade é uma manifestação estranha da natureza. Esse tipo de categoria mostra quão boa e eficiente a capacidade de julgamento de um investigador precisa ser.

Naturais são de grande importância. Eles definem a "atividade fantasmagórica" que não é, na verdade, produto de um fantasma. São agrupados como "atividades fantasmagóricas" porque, à primeira vista, é o que parecem ser. Como investigador, seu trabalho é explorar novos territórios. Se você explora fenômenos já sabendo que são produtos de um fantasma, aparentemente alguém chegou lá primeiro. Se você é um verdadeiro investigador de casos não explorados, pode testemunhar coisas que talvez ninguém mais tenha visto. Pode ser sua responsabilidade definir um precedente, e determinar se uma coisa é ou não um fantasma. Nessa situação, você deve cuidadosamente considerar a evidência antes de extrair uma conclusão. Sua reputação como analista está em jogo.

Muitos cientistas tradicionais riem da idéia de um fenômeno espiritual. Isso acontece porque a humanidade deu alarmes falsos demais, chamando algo de espiritual quando não era. Como todos sabemos, um homem das cavernas poderia descrever um avião ou uma televisão como algo sobrenatural. A única maneira pela qual podemos mudar essa atitude é aplicando o nível mais profundo de abordagem ao que identificamos como um fantasma. Antes de determinar se a atividade se encaixa na definição, esteja certo de examinar todas as outras possibilidades. Você pode perguntar: "Como posso perceber a diferença entre um fantasma – algo que não entendo completamente – e uma propriedade natural desconhecida, outra coisa que não entendo?" A chave para responder a essas perguntas é reconhecer como propriedades e leis naturais costumam funcionar. Isso leva tempo.

Imagine se você fosse a primeira pessoa a perceber que, quando se esfrega um pedaço de vidro em uma pele de animal, ela atrai objetos pequenos, como penas e linhas, via eletricidade elétrica. A primeira coisa que você pode concluir é que o fenômeno é causado pela esfregação do vidro. No entanto, você percebe que isso não acontece todas as vezes. Depois de experimentar e observar o suficiente, você descobre que a umidade faz diferença. Então, você pode estudar como vários tipos de cargas podem ser criadas usando coisas diferentes. No final, você deve encontrar padrões – ligações coerentes entre o que você faz e o que ocorre. A ciência é desenvolvida dessa forma, testando variáveis desconhecidas e registrando os "ingredientes" quando o efeito desejado é, ou não é, alcançado.

Ao observar um fenômeno desconhecido, certifique-se de estar atento a padrões de atividade e registre o que acontece. Você pode, com o tempo, concluir que está observando algum processo raro da natureza, mas não necessariamente uma atividade que se encaixa em nossa definição de um fantasma. A habilidade nessa área pode separar um verdadeiro cientista de um pseudocientista.

Um natural é:

1. Um fenômeno raro que parece fantasmagórico, mas na verdade é criado por alguma propriedade científica desconhecida da natureza atual.

UM RESUMO SOBRE FANTASMAS

Quando uma pessoa de cultura mediana pensa em um fantasma, ela apenas visualiza o espírito de uma pessoa morta. É isso que um fantasma *habitualmente* parece ser – uma entidade. No entanto, como você viu, esta é apenas uma de várias possibilidades. Um leigo ocasional pode nunca precisar saber sobre fantasmas, mas um investigador paranormal deve estar consciente de todas as possibilidades conhecidas, mesmo as mais raras. Por décadas, houve uma tendência de dividir as atividades de fantasmas em três categorias: entidades, impressões e poltergeists. Ao atualizar essas divisões, e adicionando mais duas, ficamos em dia com a nova informação que obtemos, em grande parte devido à tecnologia mais nova.

Você viu também que essa idéia singular de um fantasma tem vastas implicações. Discutimos fenômenos psíquicos, questões filosóficas (como o dilema mente–corpo), física teórica e espaço/tempo, a natureza da matéria e da energia e as infinitas possibilidades das descobertas do futuro. É fácil ver por que um bom pesquisador paranormal deve ser uma pessoa inteligente e bem-informada, com uma consciência afiada e a habilidade de analisar cientificamente as informações de maneira realista.

Não devemos, nem por um instante, fingir que a informação apresentada, ou a maneira como ela é apresentada, é um dogma absoluto. Você não deve nunca esquecer que estamos estudando um mistério. Isso significa que todas as respostas são desconhecidas. Assim, fatos desconhecidos *existirão* e terão um efeito definitivo em como classificamos a atividade e definimos sua natureza física.

A maioria dos conhecimentos que o público em geral tem sobre fantasmas foi passada na forma de entretenimento. Histórias ao redor da fogueira nos acampamentos, livros de horror e filmes de terror forneceram a base. Os contadores de histórias querem que seus contos deixem um impacto memorável na platéia. Para conseguir isso, eles sempre se concentram em um simples conceito: pessoas mortas podem voltar. Isso gera uma ótima história, porque cria uma forte impressão. Seria muito confuso esperar que o público em geral entendesse a diferença entre entidades, impressões, distorções, poltergeists e naturais. Nas histórias, é bom e claro concentrar-se em um conceito. No entanto, assim como em muitos casos, a vida real é muito mais complexa e confusa do que gostamos de visualizar.

As histórias de fantasmas também são construídas com a intenção de criar um final surpreendente para você. É o momento irônico quando de repente todos os detalhes se encaixam e um arrepio corre por sua espinha. É sempre um momento divertido. Porém, esse momento raramente chega às investigações reais. Em geral, não há uma hora em que tudo se encaixa de forma mágica. Embora você possa aprender muito, também espere ser deixado com novas questões e, às vezes, com um sentimento de insatisfação. Essa é a natureza de um mistério real.

Quando você conduzir suas próprias investigações, e tentar decidir exatamente com que tipo de atividade está lidando, não se desanime se achar a tarefa mais difícil do que o esperado. Apesar de termos separado os fenômenos em cinco categorias, tenha sempre em mente que um lugar assombrado pode exibir mais do que um tipo. Por exemplo, não é incomum descobrir um lugar onde as entidades e impressões coexistem. Talvez alguém tenha sido assassinado na casa: uma impressão do assassinato ainda pode ser observada, e a entidade consciente da vítima ainda pode permanecer na casa também. Um local de uma distorção pode mostrar manifestações de cada categoria. Rotular as atividades de fantasmas pode ser algo confuso porque representa nosso nível atual de entendimento sobre isso. Apesar de termos desenvolvido bastante nosso entendimento durante as últimas décadas, ele ainda está na sua infância. Mas é exatamente isso que é tão empolgante nessa atividade.

Ao pesquisar sobre fantasmas de maneira sistemática, você logo descobrirá quão estranhas algumas das atividades podem ser. Você está prestes a rapidamente encontrar situações mais bizarras do que qualquer coisa mencionada neste livro. Mas é isso o que realmente torna esse tipo de pesquisa tão divertida e interessante. Sempre que vou a um local assombrado, realmente não tenho idéia do que vai acontecer. Depois de ir a lugares suficientes, você vai até mesmo parar de tentar antecipar o que poderá achar. Aqui, no século XXI, os humanos estão acostumados a reconhecer e entender imediatamente tudo o que vêem. Assim, quando vemos algo que *não* reconhecemos imediatamente, temos um ímpeto de curiosidade primitiva, do tipo que nossos antigos ancestrais devem ter vivenciado com muito mais freqüência. O que um homem das cavernas pensou ao ver o fogo pela primeira vez? Você pode pensar que evoluiu além dessa emoção, mas ela está lá, eu lhe garanto. Mais cedo ou mais tarde, você a sentirá.

Esta parte do livro lhe deu um entendimento geral das teorias relativas à atividade de fantasmas. Elas fornecem um ponto de início do qual seu entendimento pode crescer e se desenvolver. Como sempre, as coisas funcionam de um jeito no papel e de outro na realidade. Este pode ser especialmente o caso quando falamos de algo como as coisas paranormais. E assim, já que você agora está familiarizado com o assunto em questão, passaremos para a área das aplicações práticas. Você aprenderá de verdade como caçar fantasmas.

2
CAÇANDO
FANTASMAS

POR QUE CAÇAR FANTASMAS?

Agora que você tem um entendimento básico das teorias que estão por trás da atividade dos fantasmas, é hora de usar isso em campo. Primeiro, abordaremos diretamente a questão de por que alguém deseja investigar fantasmas. As implicações da sobrevivência dos humanos à morte física soam com mais força. O historiador do século XIX H. T. Buckle disse: "Se a imortalidade não é verdade, pouco importa se algo é verdade ou não". A idéia de sobreviver à morte física é sinônimo de imortalidade. É um desejo de imortalidade que tem nutrido a maioria das religiões do mundo. Sem levar em consideração o ponto de vista sobre a existência de uma vida após a morte, esse modo de enxergar as coisas afeta como uma pessoa vive essa vida física. Nesse sentido, mesmo se uma vida após a morte não existir, a mera *possibilidade* de que ela *possa* existir moldou drasticamente a raça humana. Nossa civilização é baseada em leis; essas leis são geralmente baseadas em moral; essa moral é geralmente baseada em religiões; e as religiões são geralmente inspiradas pela idéia de uma vida após a morte.

Por milhares de anos, o conceito de sobreviver à morte foi quase impossível de estudar. Agora, ao entrarmos no século XXI, nossa tecnologia e entendimento do universo estão tornando possível explorar as sutis energias associadas à vida. Ainda estamos longe de uma explicação completa, mas estamos chegando mais perto a cada dia. A atividade dos fantasmas é hoje a ligação mais eficiente com o estudo científico de um conceito de pós-vida. Se a ciência for capaz de provar, de modo inequívoco, a existência de fenômenos espirituais, haverá uma revolução no mundo.

Por exemplo, se formos capazes de entender completamente como as impressões são feitas, todo o passado poderá estar em nossas impressões digitais. Como um parapsicólogo observou na edição de fevereiro de 2000 da revista *Fate:*

> *Se os lugares (e objetos) realmente deixam, de alguma forma, informações gravadas com o tempo, sendo, na verdade, aparelhos de registros históricos, e se de alguma forma essas informações puderem ser resgatadas, pelas percepções humanas ou por alguma nova tecnologia, pensem nas aplicações! A história poderia ser acessada de qualquer lugar. O mundo se tornaria um aparelho de registro. As pessoas poderiam acessar eventos passados para fins de educação ou entretenimento.*

Imagine-se com a possibilidade de levar um par de óculos e fones de ouvido especiais para qualquer lugar e, sintonizando várias "freqüências", ver qualquer momento no passado desse lugar. Seria literalmente um tipo de viagem audiovisual no tempo. Esse é o verdadeiro conteúdo da ficção científica com suspense. Talvez um evento intenso possa criar uma impressão que alguns humanos às vezes conseguem ver. Mas e se toda atividade, mesmo mundana, também criasse uma impressão – uma impressão tão distante e fraca que uma poderosa nova tecnologia fosse necessária para trazê-la de volta? Poderíamos um dia reescrever a história com base em uma capacidade de vê-la como ela realmente teria ocorrido. Isso poderia também mudar a maneira como nos comportamos. E se, depois de vender sua casa, os novos moradores pudessem ver tudo o que você fez na propriedade? Deus sabe o que um quarto de motel poderia render.

O sucesso de nossa civilização depende em grande parte de nossa compreensão sobre o relacionamento entre humanos e seu meio. Isso pode ser bem ilustrado pelo saneamento. Por milhares de anos, os humanos não perceberam como as doenças aumentavam e se espalhavam pela administração incorreta do lixo. Na Inglaterra de 1348, os moradores realmente jogavam seu lixo nas ruas. Camadas de lixo apodrecido, endurecidas pelas pegadas, demarcavam a cidade. Essa é uma das maiores razões pelas quais as pragas como a peste negra mataram tanta gente. A atividade de poltergeists aborda outro aspecto do relacionamento dos humanos com o meio. Sem levar em consideração a natureza exata da associação, estudar esse fenômeno pode apenas aprofundar nossa habilidade de melhorar muito nossa sociedade.

As distorções atuam na extremidade da ciência teórica. Elas nos fazem questionar coisas que irritam o desconfortável vale onde a ciência e a filosofia se fundem. Antes de Einstein, muito do que hoje é considerado ciência era tido como metafísico ou pelo menos filosófico. Temas como viagem no tempo e manipulação dessa substância, o espaço/tempo, não tinham, na prática, uma base em fatos empedernidos e em provas. De fato, para a maioria, esses temas pareciam muito abstratos para serem pensados de maneira padronizada. No final das contas, estamos falando sobre entender a substância atual da realidade – matéria e energia – e o processo pelo qual ela funciona. Com o passar do tempo, encontramos mais e mais razões para acreditar que a realidade é uma coisa flexível e inconsistente. Assim, ela sustenta muitas capacidades além da experiência humana comum. As distorções podem ser lugares onde a realidade se comporta de uma maneira mais fluida. Aliás, podem até ser áreas onde é mais fácil para a raça humana manipular a realidade, dados conhecimento e ferramentas apropriados. Ainda estamos longe de entender como a realidade é formada. Se ela tiver mesmo fendas, estas podem ser os lugares que vivenciamos como distorções.

Os naturais são uma combinação dos mais misteriosos quebra-cabeças da natureza e da infinita habilidade dos humanos de projetar suas próprias idéias no quadro em branco. Temos lugares onde a atividade física ainda é incompreendida pela grande ciência, e eles representam a mais pura das maravilhas. A realidade é uma combinação do que podemos provar que existe e de como escolhemos ver isso. Apesar da realidade subjetiva não ser tão cientificamente válida como a realidade objetiva, *ainda assim* é uma forma de realidade. Se duas pessoas vêem uma luz estranha no céu, e depois concordam que nenhuma das duas consegue identificá-la, o que vem em seguida? Nesse ponto, talvez você a veja como uma espaçonave com alienígenas, ou um aparelho secreto do governo sendo testado. Para cada pessoa, a própria visão pode ser tida como a mais provável. No entanto, quem está mais correto? Ambos os observadores partilham da mesma evidência objetiva – 50% da equação –, já que viram a mesma coisa. Nesse caso, a outra metade da equação é a evidência subjetiva. Até que mais evidências objetivas possam ser conseguidas, as duas pessoas são deixadas com algo que é apenas semi-real. A outra metade é um turbilhão turvo de conjunturas. Os naturais parecem metades reais da mesma forma. São fenômenos documentados, mas do tipo que não pode ser completamente explicado. Sempre que há um mistério permanente, há algo novo a aprender.

Mas, além das grandes causas para a pesquisa com fantasmas, há muitas razões pequenas, simples e pessoais para se conduzir tal trabalho. Algumas pessoas que testemunham regularmente os fenômenos paranormais querem confirmar sua sanidade. Um sujeito que não acredita em fantasmas, e vê um, tem de tomar uma decisão: "Eu agora acredito que os fantasmas são reais? Ou eu estou louco?" De qualquer forma, pode ser uma grande decisão. Sou freqüentemente procurado por donos de casas assombradas que não desejam aceitar a atividade, embora queiram que eu investigue para ver o que pode ser confirmado. Se eu for capaz de documentar os fantasmas, o dono fica, em geral, aliviado.

Outros querem livrar suas casas de presenças espirituais não desejadas. Discutiremos este assunto mais adiante. Mas você deve perceber que os papéis de caçador de fantasmas e de "exterminador de fantasmas" ou exorcista não são os mesmos. Da mesma forma, é compreensível que as pessoas queiram se comunicar com almas que já partiram. Nesse caso, devo afirmar que um caçador científico de fantasmas não é um médium, ou alguém que canaliza espíritos. O assunto da comunicação com espíritos será também tratado adiante.

Alguns negócios vêem a atividade de caçar fantasmas como uma atração adicional e querem provar sua existência a fim de aumentar os lucros. Esse é o caso em especial de velhos hotéis, hospedarias e pensões. Com o passar dos anos, muitos hóspedes passam por essas locações, e mortes e tragédias inevitavelmente ocorrem de tempos em tempos. Por um tempo, depois da ocorrência de tais casos, é geralmente considerado um tabu discutir os assuntos delicados. No entanto, se a ocorrência der origem a um fantasma, a memória do incidente continuará viva, durante muito tempo depois que os diretamente envolvidos no incidente original morrerem ou se mudarem. Se for benevolente, o espírito acabará por se tornar uma parte querida da cultura do lugar. Se a atividade for autêntica, não haverá problema em tornar público o lugar, as acomodações ou qualquer outro pertence.

Muitos caçadores de fantasmas o fazem simplesmente pela emoção da caça – tal como um caçador de um jogo selvagem. Não há nada de errado com isso, enquanto tratarem o esporte com respeito. Muitas pessoas se envolvem por essa razão, mas continuam por um período muito curto. Caçar fantasmas, afinal, requer muita paciência. Alguém pode investigar, entediado, centenas de lugares durante anos, sem nunca ver uma aparição a olho nu. Muitos não percebem quão rara essa experiência pode ser. No entanto, esta é realmente a chave para todo o campo: o valor vem com a raridade, e há um enorme valor em testemunhar um fenômeno que aparentemente desafia as leis da física. Quando acontecem, essas ocorrências valem toda a quantidade de tempo e esforço investida na procura delas.

A pesquisa paranormal não é tão sensacional como o cinema, a televisão ou os romances de ficção fizeram você acreditar. Em geral, para cada evento significativo registrado, centenas ou milhares de horas são investidas. Muitas investigações são um tanto chatas – observação quieta de áreas vazias e leituras sobre equipamentos. Você pode passar dias em uma locação e não ver nada de mais, ou pode passar pela porta e ter um encontro em trinta segundos. É espontâneo e razoavelmente imprevisível – mas *é isso que torna a coisa especial*. Se você quer a garantia de ver fantasmas, compre uma passagem para Orlando e visite a casa assombrada. Mas, se quiser vivenciar uma atividade legítima no mundo real, você deve ser uma pessoa realista. Aqueles que querem conduzir uma pesquisa paranormal por empolgação devem primeiro pagar seu preço em aplicação e paciência. Na maioria dos casos, apenas os mais devotados se qualificam.

Apesar de ser incomum ver fantasmas a olho nu, é muito mais comum captar fotos deles. Para ter sucesso nisso, a pessoa deve usar instrumentos para desvelar o mundo espiritual oculto de nossos sentidos, e então utilizar a câmera apropriadamente. O troféu de um pesquisador de fantasmas é, em geral, uma boa fotografia. Nessa altura, nosso entendimento sobre os espíritos é tão limitado que ainda estamos no estágio de tentar capturar o máximo de informação visual possível, em especial em combinação com leituras objetivas de energia. Nos próximos capítulos, você verá as técnicas mais eficazes para fazer isso.

Há muitas razões para caçar fantasmas. Falando no geral, *cada* novo conhecimento que obtemos sobre *qualquer* faceta do universo melhora nosso entendimento coletivo da existência. Quanto mais compreendemos a vida, mais altas são nossas chances de aproveitá-la ao máximo, ou maximizar nosso potencial de aumentá-la. O objetivo final de toda ciência é melhorar a experiência da raça humana por meio de um maior entendimento do mundo. Assim que sua reputação como caçador de fantasmas crescer, você encontrará pessoas com novas e raras motivações pela pesquisa espiritual. Lembre-se sempre: o que quer que você escolha investigar, sua intenção deve ser beneficiar a vida e a experiência humana coletiva. Nunca se arrisque em um domínio de fantasmas com más intenções. Como em todos os aspectos da vida, suas ações vão gerar reações.

ENCONTRANDO FANTASMAS

Descobrir por onde andam os fantasmas é fácil. Na prática, podemos provar que qualquer lugar é assombrado. As histórias de fantasmas são amplamente passadas de boca em boca. É claro que nem todas são verdadeiras. Os lugares com aspectos horripilantes, como os muito antigos, casas velhas ou cemitérios, são freqüentemente vistos como assombrados por causa dos estereótipos que a cultura popular nos transmitiu. Muitas histórias de fantasmas são inventadas por puro entretenimento – uma boa narrativa para animar a fogueira do acampamento. Mas, em muitos casos, as histórias de fantasmas, mesmo que enfeitadas, têm, de fato, um fundo de verdade. Você é o responsável por descobrir que os ditos locais assombrados realmente demonstram uma atividade pouco comum. Mas tenha em mente que qualquer lugar, não importa quão moderno seja, pode ser um ninho de espíritos. A construção de uma nova estrutura não significa que a terra na qual isso ocorreu não tenha um passado intenso. Só nos Estados Unidos, de índios e colonos europeus a soldados mortos na Guerra Civil, morreram tantas pessoas por todo o território que ninguém jamais foi capaz de dizer onde as energias podem estar hospedadas.

Na região em que vivo, há uma cidade chamada Canton. Ela é a sede de uma das maiores fábricas de papel do mundo. O sustento de toda a cidade depende da enorme fábrica, e durante anos a companhia tem sido criticada por gerar poluentes. Grandes chaminés pairam sobre as construções, soltando nuvens grossas e escuras no céu. Um odor repugnante e fétido sobe como névoa, transbordando nos vales montanhosos, planando vagaroso como uma praga. Se alguém dirige na rodovia interestadual próxima, facilmente descobre quando a cidade está perto.

O cheiro penetra no carro, e muitos prendem a respiração, pressionando o acelerador um pouco mais para deixar para trás a área.

Com essa descrição sombria, é difícil entender como tantas pessoas vivem muito e felizes em Canton. As montanhas ao redor da fábrica estão cheias de chalés acolhedores e casas tranqüilas. É uma área com uma bela paisagem, apesar de maculada pelo cheiro. Se você perguntar ao moradores como eles toleram o odor, eles vão rir e dizer: "Eu nem sinto o cheiro!" Isso constitui uma declaração poderosa para a mente. Quando não queremos estar conscientes de algo a que estamos sujeitos, o cérebro, no final, acaba por filtrá-lo e deixá-lo de fora. É um mecanismo subconsciente de defesa. A mesma coisa ocorre quando alguém mora perto de uma avenida movimentada: no final, os sons irritantes dos carros não são sintonizados. De maneira semelhante, é possível que deixemos de sintonizar coisas relativas a fantasmas que acontecem a nosso redor todos os dias. Será que não temos visões de relance de fantasmas com mais freqüência do que pensamos, mas, em geral, escolhemos ignorá-las como uma fantasia ou uma ilusão de ótica?

Apesar de muitas pessoas associarem os fantasmas exclusivamente a cemitérios e residências melancólicas, realmente não há um fundamento para isso. Em muitos casos, os espíritos conscientes preferem um ambiente sociável, assim como quando estavam vivos. Por essa razão, restaurantes, hotéis e salões de festa são freqüentemente visitados por fantasmas. Se você fosse um fantasma, que lugares freqüentaria? A resposta a esta questão pode fornecer boas direções.

É claro, aquelas velhas casas assombradas, assim como os cemitérios, freqüentemente apresentam atividades. É difícil entender por que uma entidade consciente freqüentaria um lugar triste. É possível que as opções de um ser assim sejam restritas. Talvez os fantasmas não possam perambular onde queiram, devido a condições que não entendemos. Podemos entender por que uma marca permanece no mesmo lugar. Mas e quanto a uma entidade? Talvez todas as entidades possam viajar como queiram. Quem sabe elas possam aparecer em alguns lugares de maneira mais fácil do que em outros. Quando vive em um lugar em particular por anos, você o satura com sua energia. Ele se torna sua *casa*. Quando você retorna em uma forma espiritual, pode ser mais fácil manifestar-se em sua casa. Sua energia na vida pode preparar seu acesso na morte. Essa é uma área que merece muita pesquisa. No entanto, apesar da investigação em lugares como cemitérios render alguns frutos, você deve lembrar-se de algumas diretrizes éticas sobre como pesquisá-los.

Todos adoram a idéia de fantasmas assombrando cemitérios à noite. De fato, aqueles que se aventuram em tais terrenos à noite encontram atividade. No entanto, muitos pesquisadores de fantasmas desprezam a visita a essas locações depois que escurece. Você deve lembrar-se do propósito básico dos cemitérios: possibilitar descanso eterno para os entes queridos que morreram. Se o "descanso" é conseguido ou não de alguma forma, ele certamente acontece de maneira simbólica. Em geral, é considerado um desrespeito entrar em cemitérios à noite. Fora isso, é, em geral, considerado uma transgressão. Nas ocasiões em que fiz isso, já estava tudo combinado com o zelador. Mesmo assim, uma vez fui surpreendido quando vários carros de polícia chegaram em alta velocidade ao lugar, com as luzes ligadas, e os guardas mandaram que eu e meus colegas nos deitássemos no chão. Um vizinho, que desconhecia meu acordo com o zelador, tinha chamado os policiais ao ver um grupo no cemitério à noite. Infelizmente, o fato de muitas tumbas sofrerem com vandalismos e o de os túmulos serem profanados faz com que muita gente fique paranóica ao ver pessoas em terreno sagrado à noite. Obviamente, você nunca deve passar dos limites, não importa a locação. Tenha sempre respeito pela lei e pelos donos dos lugares.

Se você ouvir que um lugar é assombrado – digamos, uma casa –, não deixe que a timidez o impeça de ligar para os donos, ou escrever uma carta a eles, para explicar quem você é e por que gostaria de investigar o lugar. É claro, você deve estar preparado para qualquer resposta. Algumas pessoas acham você esquisito apenas por estar perguntando, enquanto outras têm, na verdade, vergonha de seus fantasmas. Este é o caso em especial de pessoas extremamente religiosas. Infelizmente, algumas religiões enfatizam que a atividade dos fantasmas é inerentemente má e não pode ser o produto de Deus ou de Seu desígnio sagrado. Esses tipos de indivíduos podem ir muito longe para evitar que as notícias de assombrações se espalhem. Em geral, eles têm medo de que seus colegas os considerem, na melhor das hipóteses, loucos, e, na pior delas, praticantes de bruxaria. Quando encontrar esses tipos, é melhor simplesmente se desculpar pelo incômodo e deslocar seu interesse para outro lugar. Há muitos locais de atividade; não vale a pena desperdiçar tempo em uma locação inacessível.

Por outro lado, há igualmente muitos donos de propriedades que têm satisfação em falar sobre suas assombrações. Essas pessoas podem estar interessadas por uma série de razões. Elas podem ter uma fascinação pela pesquisa sobre a vida após a morte, ou simplesmente ver o fantasma residente como um tema interessante para conversar, algo que adicione um pouco de personalidade ao local. Muitos querem saber mais sobre a história de sua propriedade e acreditam que aprender sobre os espíritos da casa pode ajudá-los a conseguir detalhes que de outra forma não estariam disponíveis. E ainda há muito mais pessoas que são apenas curiosas. Estas são o tipo de pessoa mais útil para um investigador de fantasmas. Lembre-se: assim como para esquiar é preciso neve, um caçador de fantasmas necessita de um local com atividade – e os lugares têm donos. Você deve fazer com que eles se sintam à vontade com suas intenções, e ter um respeito infinito por sua generosidade.

Se você está procurando fantasmas, pergunte em sua região para encontrar lugares assombrados. Divulgada a notícia de que você está à procura, as pessoas começarão a entrar em contato. Nove em cada dez vezes em que menciono meu campo de pesquisa ao conversar com estranhos, alguém inevitavelmente surge com uma locação assombrada. Não importa se acreditam em fantasmas ou não, todos escutam histórias memoráveis de tempos em tempos. Elas são uma parte indelével de nossa cultura.

É claro, a mídia adora fazer publicidade de lugares assombrados perto do Dia das Bruxas. Fique atento aos jornais e revistas em outubro. Você estará prestes a encontrar ótimas locações. Apesar de a atividade em tais locais ser freqüentemente exagerada pela mídia, há ainda áreas valiosas para pesquisar. Você pode ganhar credibilidade ao visitar lugares assombrados famosos. O público em geral os vê como pontos para um caçador de fantasmas, e, independentemente de a propriedade ser ou não genuinamente ativa, a experiência lá tem peso quando comparamos a área de atividade de alguém com a de outro.

Você pode caçar fantasmas a qualquer momento do dia ou do ano. Porém, as melhores épocas parecem ser os meses secos e frios do inverno e do outono. Em muitos locais nos Estados Unidos, são as épocas em que a eletricidade estática está mais ativa. É também melhor procurar fantasmas no escuro. Há várias razões para isso. Uma é que a iluminação das aparições fica mais clara. Como mencionei antes no livro, as materializações freqüentemente parecem ser radiações elétricas, e estas podem ser fracas. É especialmente aconselhável permitir que seus olhos se ajustem ao escuro, dilatando suas pupilas. Isso aumenta muito suas chances de ver de forma clara uma iluminação fraca.

Parece que o período de pico para encontros com fantasmas vai da meianoite até por volta de 9 horas da manhã. Essas horas são as mais tranqüilas e discretas, já que a maioria das pessoas está dormindo e os aparelhos elétricos (que podem interferir na atividade ou interrompê-la) estão desligados. Há uma sensação de calmaria nesse período, e isso é sempre bom para obter resultados que não apresentem contaminação. Mas a noite é também melhor por uma razão mais cosmicamente significativa.

Como você sabe, a Terra é rodeada por um campo magnético. Esse campo é chamado de "magnetosfera". Ele emerge dos pólos, e se arqueia ao redor do planeta, até o espaço, com um formato de campo magnético tradicional. Ele envolve completamente a Terra e tem um papel vital em nossa sobrevivência. O Sol é a maior reação nuclear no sistema solar; bombardeia constantemente a Terra com radiação devastadora (Ilustração 12). Seríamos mortos por essa energia se a atmosfera de nosso planeta não fosse capaz de defleti-la e absorvê-la. A magnetosfera é nossa primeira e mais poderosa linha de defesa. Ela protege nosso delicado planeta das descargas maciças do Sol. Imagine o campo da Terra tridimensionalmente: como ele emerge dos pólos, o campo tem a forma de um funil nessas áreas. Perto dos pólos, o campo fica então mais fino, e isso permite uma entrada maior da radiação solar. É por isso que, próximo dos pólos, as luzes norte e sul, conhecidas respectivamente como "Aurora Boreal" e "Aurora Austral", são visíveis. Elas são causadas pela radiação do Sol, que estimula as partículas na atmosfera, da mesma forma como os elétrons fazem o gás brilhar quando passam pelo tubo de néon.

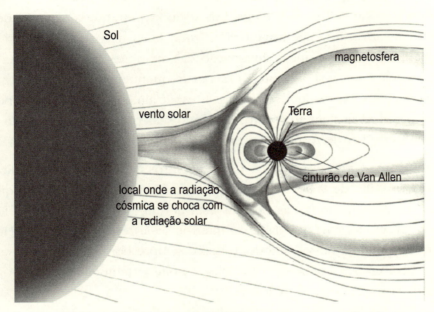

12. A magnetosfera se acalma à noite, possivelmente aumentando nossa percepção em relação aos fantasmas.
Cortesia de Robert McGhee.

Apesar de a magnetosfera desafiar a radiação excessiva do Sol, ela ainda é afetada por essa radiação. Como o campo da Terra emerge naturalmente dos pólos, suas linhas de força devem se estender de um espaço paralelo a outro. No entanto, ao atingirem o campo, os raios solares o comprimem, pressionando-o para baixo, para mais perto do planeta, o que distorce a sua forma. Assim, do lado da Terra virado para o Sol, o campo fica danificado e rompido. No lado oposto do planeta, o lado noite, ele permanece intacto. Esse lado da magnetosfera não está sendo comprimido pelo Sol, logo, ele se estende muito mais no espaço, abrindo os campos para criar um ambiente de energia calma. Quando se expande, o campo suspende a ionosfera, fora da qual as ondas eletromagnéticas se refletem. À noite, você pode sintonizar estações de rádio que estão a centenas ou milhares de quilômetros de distância. Isso acontece porque os sinais são refletidos em uma ionosfera expandida em um ângulo maior, chegando mais longe, e através de um ambiente mais calmo e menos conturbado de energia.

Evidentemente, uma grande porção da atividade de fantasmas é detectada ao se medir essas energias sutis. Você pode facilmente imaginar como tais energias são afetadas pela radiação do Sol. Essas delicadas manifestações podem ser devastadas pelos raios solares. Suas freqüências finas podem se perder em uma queima de energia. Porém, à noite, quando o ambiente eletromagnético está calmo, é, sem dúvida, mais fácil encontrar e seguir manifestações de fantasmas. Assim como as ondas de rádio estão ampliadas à noite, a atividade fantasmagórica pode aumentar de maneira semelhante.

A quantidade de radiação solar que bombardeia a Terra varia. A energia emana a partir do Sol de maneira inconsistente. A radiação forma enormes faixas – alças de plasma ardente –, que se estendem a partir do Sol e queimam por todo o espaço. Quando essas faixas se quebram, às vezes liberam uma carga de radiação que é empurrada em direção à magnetosfera. Elas são chamadas simplesmente de "labaredas solares". Uma labareda de baixo nível é chamada de Classe C; uma média, Classe M; e uma queimadura alta, Classe X. As labaredas poderosas de Classe X podem destruir seriamente as comunicações e a tecnologia de satélite da Terra. Você pode monitorar por meio de vários sites o tipo de atividade solar que o planeta está sofrendo. Um tema importante de pesquisa para investigadores paranormais é o relacionamento específico entre essas labaredas solares e a atividade inexplicável. O grande tumulto solar deveria constituir um obstáculo para algumas manifestações – assim como a atividade solar comum parece fazer durante o dia. Por outro lado, ele pode servir para aumentar um outro tipo de fenômeno, como um local de distorção. Durante a pesquisa, você deve tentar documentar as condições solares sempre que possível, comparando-as com suas descobertas em busca de correlações.

Da mesma forma, alguns investigadores acreditam que a fase da Lua pode afetar as ocorrências paranormais. Evidentemente, a Lua tem um efeito em nosso planeta, como o movimento das marés dos oceanos. Costuma-se dizer que as luas cheias aumentam a taxa de crime e influenciam os fluidos do corpo – tornando as cirurgias perigosas por causa de problemas em relação ao fluxo sanguíneo. No entanto, estudos sérios desses relatórios nunca provaram uma correlação consistente entre a Lua e seus efeitos no indivíduo. Mas considerando seu impacto nas marés, ela pode também influenciar o nível no qual o mundo espiritual se torna ativo, ou pelo menos acessível. Por ora, não podemos dizer com certeza; parece não haver provas claras. Apesar de tudo, é importante documentar a fase da Lua, junto com toda informação sobre o ambiente, ao conduzir a pesquisa. Mais cedo ou mais tarde, as correlações definitivas podem aparecer.

Apesar de não entendermos ainda o exato relacionamento entre a Terra, o Sol, a Lua e os fantasmas, você geralmente terá seus melhores resultados nas pesquisas quando o manto da escuridão cair. Tenha isso em mente quando agendar as investigações. As corujas da noite são os melhores pesquisadores. É claro, a escuridão também se presta a imaginações férteis. Cuidado para não deixar suas fantasias correrem soltas.

O QUE PROCURAR

Há uma abundante vida invisível a seu redor. Vida que não se pode sentir nem ouvir. Aliás, é possível que você nem chegue a se dar conta dessa presença, a menos que tenha um microscópio. Esse instrumento simples nos permite observar todo um reino da existência que o homem ignorou até 1590, quando se inventou o microscópio. É claro que essa invenção não teria sido possível sem o desenvolvimento da lente no século XIII. À medida que a tecnologia avança, aumenta o nosso conhecimento de novas formas de vida que nos cercam.

Pode ser que um fantasma esteja bem aí, a seu lado, e você não saiba disso. Embora presentes, os espectros raramente são detectados pelos sentidos humanos desarmados. Aparentemente, isso se deve ao fato de eles dependerem das condições ambientais para se materializar. No entanto, mesmo que você nem sempre consiga percebê-los com os cinco sentidos, pode monitorá-los, ter acesso a eles e fotografá-los se contar com o equipamento de detecção adequado. É graças a esses meios que os caçadores de fantasmas obtêm a maioria dos resultados.

Ao que tudo indica, os fantasmas são constituídos de uma substância que ocupa uma freqüência diferente da matéria física. É algo comparável às ondas de rádio, por exemplo. Em certo momento, essas ondas produzidas pelo homem acabam nos cercando e até penetrando. Mesmo assim, são invisíveis e silenciosas; não podemos tocá-las nem as sentir. E, provavelmente, não nos apercebemos de sua presença sem a ajuda de um rádio, um instrumento feito para senti-las e interpretá-las. Ele nos permite penetrar esse reino invisível. Do mesmo modo, quem souber quais tipos de energia procurar e tiver as ferramentas apropriadas, poderá detectar fantasmas mesmo que eles não sejam perceptíveis aos sentidos.

A maior parte das atividades de fantasmas é acompanhada de campos erráticos e flutuantes de energia eletromagnética. Para caçá-los, recorremos a aparelhos capazes de detectar e medir essa energia. Normalmente, o olho humano não percebe tais campos energéticos. Os fantasmas quase sempre dependem das cargas eletrostáticas do ar para se materializar. Mesmo quando o ambiente elétrico se mostra desfavorável à materialização, é possível detectá-los com os instrumentos apropriados. Também aqui é mais ou menos como um ímã: havendo limalha de ferro, pode-se "enxergar" as linhas magnéticas. Porém, mesmo sem contar com a limalha, você tem como detectar as linhas magnéticas: basta aproximar delas uma bússola. Do mesmo modo, ainda que faltem as condições propícias para "enxergar" um fantasma, é possível detectá-los.

Independentemente do tipo de fantasma com o qual você está lidando – uma entidade, uma impressão etc. –, empregam-se as mesmas técnicas básicas para pesquisá-los. Com exceção das imprevisíveis manifestações de distorções, todos os fantasmas produzem as mesmas influências eletromagnéticas e eletrostáticas. Isso significa que o modo geral como se colhe evidência objetiva não varia. Os mesmos instrumentos científicos se aplicam a todas as investigações. Determinar o tipo de fantasma com que você está lidando depende de sua capacidade de documentar as características exclusivas da atividade.

As áreas de um local nas quais se concentra a maior parte da atividade são denominadas "pontos de atividade". Trata-se de tentar achar essas áreas, comparando os dados colhidos em várias partes do local. Alguns cômodos de uma casa assombrada podem gerar pouca ou nenhuma energia anômala, ao passo que outros a produzem em uma quantidade extraordinária. Com muita freqüência, você vai constatar que as áreas em que apareceram fantasmas geralmente correspondem a acúmulos constantes e excessivos de energia eletromagnética. Enquanto muitos "pontos de atividade" apresentam massas constantes de energia, é possível que outros nem sempre estejam em atividade. Aliás, podem entrar em atividade somente em certa hora do dia ou nas condições climáticas adequadas.

O Que Procurar

Diversas razões levam um lugar a ser um "ponto de atividade". Ele pode ser o espaço específico em que houve um acontecimento significativo, como no caso de uma impressão. Talvez seja apenas o lugar favorito de uma entidade. Em muitos casos, parece que são áreas em que os espectros podem aproveitar o excesso de energia para a materialização. Ao investigar uma assombração, muitas vezes você encontrará toda a atividade relevante centralizada em torno de um "ponto de atividade" importante.

Provavelmente, você também notará que ocorre muita atividade espiritual na proximidade dos espelhos – sobretudo em cômodos em que há um espelho diante do outro. Isso talvez se deva ao fato de os espelhos refletirem a energia eletromagnética. Também é possível que, quando frente a frente, eles criem um feixe energético altamente concentrado. Pode ser que isso permita a materialização de um fantasma. Há ainda uma possibilidade mais abstrata: dois espelhos confrontados criam uma imagem infinita – reflexos dentro de reflexos. A série de reflexos se assemelha a um túnel feito de luz que mergulha profundamente no vidro. Visto que tanto a luz quanto os fantasmas são essencialmente energia eletromagnética, é concebível que os espelhos confrontados criem um tipo de portal energético pelo qual as entidades conseguem viajar. Você notará que pode influenciar a atividade de fantasmas mudando a posição dos espelhos. Se um quarto assombrado tiver dois espelhos frente a frente, altere o ângulo de um deles e veja a diferença. É possível que um ajuste tão simples como esse acabe com uma aparição ou a estimule.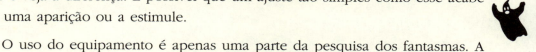

O uso do equipamento é apenas uma parte da pesquisa dos fantasmas. A outra é puramente jornalística. Como em qualquer investigação, é importante registrar por escrito os detalhes do local e da atividade. Em primeiro lugar, convém empreender a análise histórica. Se estiver investigando uma casa antiga, pode ser que você queira colher informações sobre o seu passado na biblioteca local. Até certo ponto, parece que cada biblioteca organiza as informações locais de maneira própria e exclusiva. Mas o bibliotecário encarregado dos documentos regionais deve ter a possibilidade de oferecer arquivos conforme as necessidades específicas. Por exemplo, muitas bibliotecas hão de ter uma pasta dedicada às residências antigas e históricas ou aos crimes significativos na região. Mais do que isso, algumas delas contam com uma pasta voltada para as aparições locais. Geralmente, o acesso ao material regional importante é impossível sem a ajuda de um bibliotecário, de modo que convém solicitá-la. Os jornais antigos têm um valor inestimável e, muitas vezes, são a única fonte de documentação disponível.

Os caça-fantasmas visitam com muita freqüência os cartórios para pesquisar atestados de óbito, testamentos e escrituras. Embora raramente forneçam detalhes completos, esses documentos oferecem informações básicas – por exemplo, quem foi o proprietário de um lugar ou quem lá morreu e como. O estudo dos testamentos costuma dar boas indicações sobre os temas de uma entrevista. Serve para traçar as genealogias, e, se uma aparição for o produto de um incidente ocorrido há cinqüenta anos, talvez seja necessário fazer o levantamento dos membros da família para obter informações internas. Do mesmo modo, os membros mais antigos de uma comunidade, principalmente os historiadores locais, também podem contribuir com informações preciosas. É possível localizá-los a partir do material da biblioteca, e, para entrar em contato com eles, basta uma visita ou um telefonema. E não se esqueça da Internet. Ao digitar um tema em um site de busca, é provável que você se surpreenda com a quantidade de informações que vai aparecer.

Ao investigar os incidentes que podem ter gerado uma aparição, procure responder às seis perguntas básicas do jornalismo:

1. Quem?
2. O quê?
3. Quando?
4. Onde?
5. Por quê?
6. Como?

Quanto mais conhecimento sobre um lugar você acumular antes de iniciar a investigação, melhor.

Ao chegar a um lugar ocupado, também é recomendável entrevistar qualquer um que possa ter informação sobre a aparição. Obviamente, as experiências diretas são as melhores. Em alguns casos, os caça-fantasmas observam e avaliam o ambiente *antes* de colher informação sobre a atividade fantasmagórica ou a história da propriedade. Isso impede que os pesquisadores tenham noções preconcebidas com relação a suas constatações. Os clientes que pagam a pesquisa geralmente preferem esse método. Haverá mais credibilidade se *você*, a partir das suas constatações, contar ao proprietário quais são as áreas mais ativas da propriedade antes que ele lhe conte. Com base no trabalho envolvido, escolha caso a caso o método a ser usado. Mais adiante, você lerá uma sinopse que mostra como se conduz uma investigação típica.

Durante a coleta de indícios, é importante estabelecer a diferença entre experiência *totalmente real* e experiência *semi-real*. Eu mencionei esse conceito ao discutir os naturais, mas suas implicações são infinitamente mais amplas. Em todo o livro, procuro enfatizar a diferença entre evidência subjetiva e evidência objetiva. Para o indivíduo, a realidade é uma combinação das duas, o híbrido daquilo que realmente está presente e daquilo que nós percebemos como presente. Na qualidade de pesquisador, você deve ter a capacidade de identificar rápida e facilmente cada tipo de experiência. A metade da realidade é subjetiva e interior; a outra metade, subjetiva e externa.

Digamos que você esteja examinando um quarto assombrado e nada veja a olho nu. Mas, quando tira uma fotografia digital, eis que aparece um fantasma no retrato. Tal experiência é considerada semi-real, pois, embora tenha ocorrido na realidade objetiva, não se verificou na sua percepção subjetiva. Por isso, nós a denominamos tecnicamente de experiência *objetiva semi-real*.

Por outro lado, pode ser que você veja um fantasma a olho nu, mas tire uma foto que não mostre nada. É o caso de uma experiência *subjetiva semi-real*, pois, embora tenha ocorrido na sua percepção subjetiva, não se verificou na realidade objetiva.

Sempre é melhor ter um encontro objetivo semi-real, já que a objetividade é o pilar da ciência. Naturalmente, o melhor tipo de experiência é o totalmente real. Se você vir um fantasma a olho nu e, em seguida, conseguir uma fotografia dele, terá obtido uma experiência totalmente real, na qual as duas metades – a subjetiva e a objetiva – ficarão documentadas.

Há três tipos de experiências totalmente reais. O primeiro deles é quando a sua evidência objetiva coincide com o que você testemunhou subjetivamente. Se você vir um fantasma branco de olhos grandes e vermelhos e, a seguir, tirar o retrato de um fantasma branco de olhos grandes e vermelhos, terá conseguido uma experiência *totalmente real do tipo um*. O segundo é quando o objetivo não coincide com o subjetivo. Por exemplo, se você vir um fantasma branco de olhos grandes e vermelhos, mas obtiver uma fotografia que mostra apenas dois círculos ao redor dos olhos, estará diante de uma experiência *totalmente real do tipo dois*. O terceiro é uma combinação do primeiro com o segundo. Em outras palavras, se o objetivo coincidir com o subjetivo e, além disso, mostrar algo mais, teremos uma experiência *totalmente real do tipo três*. Se você vir apenas um fantasma grande, branco e de olhos vermelhos, e tirar uma foto que mostra um fantasma grande, branco, de olhos vermelhos e, além disso, com círculos ao redor dos olhos, estará fazendo uma experiência *totalmente real do tipo três*. Do mesmo modo, se você vir os círculos a olho nu e depois tirar uma fotografia em que, *além deles*, aparece um fantasma, será um caso do tipo três. E nós podemos ir além, especificando experiência subjetiva do tipo três ou experiência objetiva do tipo três.

Repetindo:

1. **Subjetiva semi-real:** quando se percebe subjetivamente algo que não foi documentado pelos meios objetivos.
2. **Objetiva semi-real:** quando nada se percebe subjetivamente, mas se obtém documentação objetiva.
3. **Totalmente real:** quando se consegue documentar uma experiência subjetiva e objetivamente.

   Tipo um: quando o subjetivo e o objetivo coincidem.

   Tipo dois: quando o subjetivo e o objetivo parecem não coincidir.

O Que Procurar

Tipo três: a combinação dos tipos um e dois; quando o subjetivo e o objetivo coincidem, mas se documenta informação adicional, seja no aspecto objetivo, seja no subjetivo.

O encontro típico com um fantasma, ou seja, quando o espírito é visto e logo desaparece, seria uma experiência subjetiva semi-real. Lembre-se: chamar uma coisa de semi-real não significa que ela não tem realidade objetiva, e sim que não foi ou não pôde ser documentada. A expressão *semi-real* não desmerece em nada a legitimidade de uma experiência realista. Não passa de um modo necessário de classificar a abundância de experiências de forma cientificamente controlável.

Por mais que a evidência objetiva forneça os fatos a partir dos quais você tira conclusões, não esqueça que os fatos, por si sós, não contam a história toda. É preciso ser capaz de tomar esses fatos e, com o uso da lógica, conferir-lhes significado. Achar dois e dois é uma coisa; juntar dois e dois é outra muito diferente. Isso é importantíssimo quando se trata de definir o tipo de atividade de fantasmas que se está observando. Convém reiterar que essa atividade, seja de natureza consciente, seja uma impressão, é primariamente detectada da mesma maneira científica: por meio dos campos anômalos de energia eletromagnética. A diferenciação das classes de atividade depende do comportamento do fenômeno observado. Lembre-se: as impressões inconscientes sempre se manifestam *exatamente* do mesmo modo, ao passo que a atividade dos espíritos conscientes é mais imprevisível.

O EQUIPAMENTO

A caixa de ferramentas de um caça-fantasmas pode conter itens simples e baratos, ou aparelhos de alta tecnologia. A maioria dos investigadores começa com pouco e acumula tecnologia com o tempo. Não há um requisito mínimo para a quantidade de equipamentos que você usa. É óbvio que, quanto mais você tiver, mais precisamente poderá definir suas descobertas. Alguns caça-fantasmas não usam nenhum equipamento, apenas seus sentidos. O uso exclusivo dos sentidos humanos é tratado mais tarde. Mas você deve se lembrar disto: embora usar seus sentidos para detectar fantasmas possa lhe proporcionar satisfação pessoal, isso tem pouco valor como evidência objetiva. Já que nossos sentidos são limitados, recomendo expressamente que você confie em ferramentas para investigações sérias.

Veja a seguir uma lista de equipamentos básicos, grandes e pequenos, úteis para os caça-fantasmas:

1. Bloco de notas e utensílio para escrita
2. Lanterna
3. Baterias ou pilhas
4. Relógio
5. Bússola
6. Medidor de campo eletromagnético
7. Máquina fotográfica
8. Câmera de vídeo
9. Gravador

10. Medidor de infravermelho
11. Varetas radiestésicas
12. Termômetro
13. Walkie-talkies
14. Telefone celular
15. Pó e plástico preto
16. Mira de visão noturna
17. Amplificador de áudio
18. Gerador eletrostático
19. Luz estroboscópica
20. Gerador de tom
21. Kit de primeiros socorros
22. Comida e bebida

Veja agora uma explicação detalhada de como cada um desses itens pode ser usado na pesquisa de fantasmas.

Bloco de Notas e Utensílio para Escrita

Como em qualquer pesquisa, tomar notas é uma obrigação. Locais, datas, horários, nomes de testemunhas (e informação de contato), condições ambientais e experiências devem ser todos registrados. Um bloco de notas deve ser seu companheiro constante em uma investigação. Não confie em si mesmo para se lembrar de todos os detalhes. Quando outros examinam nosso trabalho, os detalhes meticulosos são inestimáveis. Tais itens também são importantes no processo delicado de encontrar padrões e correlações. Você pode achar útil usar formulários para se assegurar de que não se esqueceu de nada importante. Há exemplos deles nos apêndices deste guia.

O Equipamento

Alguns investigadores preferem usar um pequeno gravador digital ou de fita (com freqüência ativado por voz) para tomar notas. Embora isso possa ser conveniente, não é aconselhado. Áreas assombradas podem hospedar energias estranhas que interferem no funcionamento de seu gravador. Como você verá mais tarde, isso pode ser usado em seu benefício. No entanto, para o propósito de tomar notas apenas, tais distúrbios podem se mostrar prejudiciais. É difícil vencer a simplicidade eficiente de um bloco de notas e uma caneta ou lápis.

Lanterna

Uma boa lanterna é essencial. Na maioria das vezes, você estará em lugares escuros. Na verdade, é melhor ter duas lanternas. Guarde uma pequena e bem leve no bolso, e tenha uma maior e mais pesada para um uso mais prolongado (especialmente ao ar livre). Quanto mais brilhantes e duráveis as luzes, melhor. Como estará usando outros equipamentos, talvez você queira investir também em uma lanterna que não precise ficar em suas mãos, como uma daquelas que se prendem na cabeça. Um filtro ou gel vermelho nas lentes pode também ser útil. Em um local escuro, seus olhos são menos afetados pela luz vermelha. Isso significa que, se você desligar a luz, levará menos tempo para seus olhos se acomodarem à escuridão. Se notar uma aparição brilhando de maneira fraca e desligar a luz vermelha para vê-la, esses segundos adicionais serão preciosos.

Baterias ou Pilhas

Você ficaria surpreso com quantos pesquisadores de fantasmas se esquecem de levar baterias ou pilhas extras para uma investigação. Obviamente, a quantidade necessária de baterias depende do que será usado. Dos dispositivos listados neste guia, lanternas, gravadores, relógios, medidores de energia, miras de visão noturna, máquinas fotográficas e câmeras de vídeo normalmente usam baterias ou pilhas. A lei de Murphy com certeza se aplica ao trabalho paranormal. Quando estiver no meio de algum fenômeno raro e sério, as baterias vão falhar. Na verdade, os locais paranormais são conhecidos por drenar a força de baterias de maneira inexplicável. Em caçadas a fantasmas, é comum uma câmera mostrar mais do que uma hora de vida da bateria sobrando, então se desligar de repente. Talvez fantasmas drenem energia das baterias.

Por outro lado, no meio de um lugar assombrado, dispositivos que normalmente usam baterias podem trabalhar sem eles. Em 2002, eu era o produtor e anfitrião da Primeira Conferência Paranormal Anual no Grove Park Inn Resort and Spa, em Asheville, Carolina do Norte. Nesse evento, vendemos medidores de campo eletromagnético que geram um som agudo. Depois disso, um casal foi para casa com sua nova unidade. Passado algum tempo, enquanto o marido estava fora no trabalho, a mulher tomou um susto quando o medidor, em outra sala, começou a funcionar de maneira frenética. Perturbados pelo barulho, os cachorros latiam descontroladamente. A mulher correu para a sala, tentando descobrir como desligar o aparelho. Em sua frustração, ela arrancou a tampa do compartimento das baterias, apenas para descobrir que não havia nenhuma instalada. Não há nenhuma explicação convencional para tal ocorrência.

Não é incomum ouvir histórias de aparelhos eletrônicos funcionando de forma inexplicável sem energia. Esse é especialmente o caso com brinquedos de criança. Já ouvi muitos contos arrepiantes sobre brinquedos "possuídos" que se ativaram espontaneamente à noite. Em alguns casos, eles tiveram de ser destruídos.

Apesar de tudo, como caça-fantasmas, não conte com *seu* equipamento funcionando sem baterias. A maioria das vezes, o contrário vai acontecer.

Relógio

Registrar a hora dos eventos é importante em qualquer trabalho de campo. Saber a hora nos permite precisar o momento em que algo ocorre. Isso pode ajudá-lo especialmente a deduzir padrões na atividade. E é claro que descobrir padrões é uma chave para classificar uma atividade como uma impressão. Variáveis, como a hora e o estágio da Lua, podem representar um papel na impressão. Com freqüência, uma cena em particular pode ser repetida apenas quando essas condições forem atendidas. Por exemplo, um suicídio fantasmagórico pode ser reencenado em cada Lua cheia às 3 horas da manhã, exatamente como na noite em que primeiro ocorreu.

Em retrospecto, você também pode usar a hora para pesquisar dados do ambiente, como a temperatura e a umidade. Essa informação pode ser encontrada em jornais velhos ou, em alguns países, nos serviços de previsão do tempo. Assegure-se de que você possa ver seu relógio no escuro. No entanto, uma tela que esteja sempre brilhando pode ser prejudicial. Além de ser uma distração, ela pode dificultar o ajuste de seus olhos ao escuro quando necessário. Investigadores múltiplos devem sincronizar seus relógios.

É sabido que a atividade espiritual, às vezes, pára relógios de pulso e de parede. Dizem que todos os relógios da casa e do laboratório do grande inventor Thomas Edison pararam de funcionar quando ele morreu, em 1931. Esteja ciente disso. Se você descobrir que seu relógio parou, anote a hora em que isso ocorreu. Relógios são instrumentos delicados, e energias poderosas podem dominá-los.

Bússola

Uma bússola é a ferramenta mais básica para detectar campos magnéticos e eletromagnéticos estranhos. A maioria das pessoas fica bem à vontade usando uma. Por serem pequenas, baratas e fáceis de achar, elas constituem uma das ferramentas mais populares para iniciantes. Usar uma de maneira mais eficiente requer uma percepção afiada e uma mão firme.

Obviamente, quando tudo está normal, a agulha da bússola aponta para o norte. Se o dispositivo é influenciado por outro campo de energia, a agulha é afetada. Se a agulha não aponta para o norte, ou se ela se move de maneira errática, você está encontrando algum tipo de campo incomum. Em alguns casos, a agulha na verdade roda, como se estivesse no meio de um vórtice magnético. Essa é a maneira mais simples de detectar a presença de espíritos invisíveis. A bússola não é nem de perto tão sensível como algumas das ferramentas eletrônicas que você pode comprar, mas, feitas as contas, é sua melhor barganha.

Como com todos os instrumentos, você deve ter cuidado para excluir as explicações convencionais. Campos magnéticos podem ser criados pela fiação de eletrodomésticos e aparelhos eletrônicos, ou por objetos de metal que foram magnetizados. E, é claro, fique atento a ímãs comuns à sua volta.

Medidor de Campo Eletromagnético

O caça-fantasmas sério rapidamente descobre que um medidor de campo eletromagnético (ou CEM, abreviatura para *campo eletromagnético*) é uma ferramenta essencial (Ilustração 13). Ele faz exatamente o que parece fazer: fornece leituras específicas de energias eletromagnéticas. No mercado, há várias versões compactas, de mão. O custo de uma delas normalmente vai de cerca de 50 a 250 dólares. Para um investigador médio, os modelos mais caros raramente valem o dinheiro extra. O leitor pode ser obtido em quase todos os formatos, incluindo uma agulha padrão, indicadores LED, digitais, e com tom de áudio de acompanhamento. Ao escolher um medidor CEM, considere que os capazes de detectar campos CD (corrente direta) são melhores. No entanto, medidores CA (corrente alternada) também podem servir. Os campos encontrados por causa de fantasmas podem, às vezes, se ativar e se desativar como um campo CA. Portanto, ambos os tipos de dispositivos podem detectar fantasmas, mas é melhor usar medidores CA para encontrar e excluir campos artificiais e usar medidores CD para localizar fantasmas. A CA é usada na maioria das casas (ela é o que normalmente sai da tomada na sua parede), e campos elétricos naturais normalmente são do tipo CD.

O Equipamento

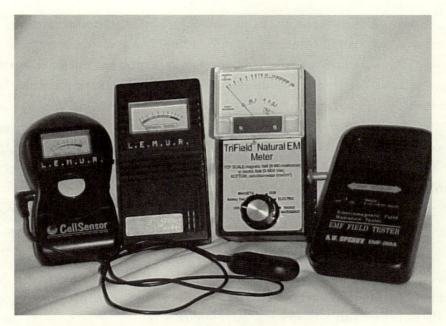

*13. Alguns medidores básicos para pesquisa paranormal.
Foto: cortesia de Joshua P. Warren.*

Medidores CEM geralmente fornecem leituras em unidades chamadas de "miliGauss". Uma televisão média normalmente emite cerca de 8 miliGauss a uma distância de 30 centímetros. Ter isso em mente ajuda a dimensionar o impacto das leituras que você consegue em campo. Os medidores mais avançados podem ser ajustados para uma sensibilidade incrível. A maioria dos medidores CEM não pode detectar a energia sutil emitida por um corpo humano. No entanto, dispositivos como o TriField Natural EM Meter podem captar seres humanos a até 3 metros de distância. Eles também podem ser configurados para captar ondas de rádio e microondas.

Ao usar medidores CEM em um local assombrado, você vai querer procurar campos de energia erráticos sem fonte física. Os melhores são campos autocontidos que pairam no ar, planando sobre uma área, e então desaparecem. Quando detectar um campo desse tipo, você deve tirar uma fotografia. Como pode ver, um medidor CEM e uma máquina fotográfica são usados com mais eficiência quando em conjunto.

O aspecto mais desafiador de usar medidores CEM é excluir campos artificiais, criados por aparelhos eletrônicos, fiação elétrica e eletrodomésticos. Toda vez que passa por um fio, a eletricidade cria um campo magnético a seu redor, e nosso mundo moderno está inundado por tecnologias eletrônicas. Alguns medidores filtram campos artificiais automaticamente, lendo apenas os campos criados no ambiente natural. No entanto, na maioria dos casos, você terá de saber como fazer isso por si mesmo. A chave é o comportamento do campo. Já que campos criados artificialmente por televisões, luzes, computadores etc. são primariamente o produto da eletricidade passando por seus fios, eles não oscilam. Sempre permanecem constantes. Quanto mais próximo você estiver dos objetos, mais fortes e mais estacionários os campos. Quanto mais longe, mais fraco e mais inconsistente. No entanto, campos associados com atividade espectral oscilam desordenadamente e em geral são temporários.

Há apenas duas maneiras de conseguir um campo oscilante quando se está perto de um dispositivo eletrônico. A primeira é mover fisicamente o medidor para trás e para a frente, para perto e para longe da fonte. A segunda é quando a eletricidade que corre pela fiação não é um fluxo constante. Se a eletricidade estiver pulsando, como uma luz piscando, ou como um sensor de alarme que varre uma área em intervalos, ela também criará um pulso de energia. No entanto, a maioria dos dispositivos apenas produz campos constantes.

Nove vezes em dez, *se um campo misterioso é constante e estável, ele é artificial; se oscila de forma errática, é paranormal.* Com a experiência, você rapidamente se tornará capaz de diferenciar. A maioria das formas de vida cria campos inconsistentes. Apenas imagine os movimentos de um espírito à sua volta, viajando pelo local. Quando detectar campos paranormais, tente rastreá-los, seguindo os movimentos do fantasma. Você pode descobrir essas massas de energia contidas fazendo coisas impressionantes: movendo-se pelas paredes, depois desaparecendo nelas, ou subindo cada vez mais alto até que pareçam flutuar para longe.

Se conseguir um medidor que seja sensível o suficiente para captar a energia de seu corpo, experimente observar como ele percebe seu corpo. Mova-se em volta e veja como ele responde. Então, coloque um dispositivo eletrônico próximo dele e observe a resposta. Você logo reconhecerá a diferença distinta entre os campos erráticos emitidos por criaturas orgânicas e os mais "mecânicos" e previsíveis criados pela tecnologia.

Alguns pontos ativos *sempre* têm uma grande quantidade de energia eletromagnética estranha. Se você continuamente capta flutuações na área, tendo excluído todas as causas artificiais, pode ter um ponto ativo. A energia pode ser causada por um fantasma, ou ser uma fonte de energia que os fantasmas usam para se materializar. Tais massas de campos eletromagnéticos podem ser produto de atividade geomagnética ou uma fonte artificial de larga escala, tal como linhas de força. Embora tipos de energia artificiais e convencionais não sejam mesmo paranormais, eles ainda podem melhorar, ou de alguma forma afetar, o ambiente elétrico total necessário para a materialização de um fantasma. Massas de campos eletromagnéticos artificiais, talvez de uma caixa de força elétrica, podem de alguma maneira ser usadas por um espírito para auxiliar na manifestação.

Medidores de campos eletromagnéticos podem ser comprados em muitas lojas de materiais elétricos ou por meio de catálogos de aparelhos eletrônicos. O site da minha equipe, www.lemurteam.com, tem informações sobre como obtê-los on-line. Se você for do tipo construtor, pode fabricar um medidor CEM básico com relativa simplicidade. Primeiro, obtenha um medidor de voltagem. Eles são vendidos na maioria das lojas de ferramentas e utilidades domésticas. Compre o mais sensível que puder encontrar, do tipo CA ou CD. O ideal é que ele possa captar milivolts, ou mVs (um mV é um milésimo de um volt). Então, compre um prego grande e grosso. Adquira o fio isolado mais fino que puder encontrar. Enrole esse fio em volta do prego, juntando-o tão grosso quanto necessário, e assegurando-se de manter as duas pontas livres. Quanto mais fio, mais poderoso será seu medidor. Quando o fio estiver enrolado em volta do prego e preso no lugar, por meio de cola ou algo semelhante, prenda cada ponta dele nas conexões do seu medidor de volts. Sempre que um campo passar próximo do fio enrolado, ele induzirá um surto de eletricidade no medidor de voltagem. Para determinar a sensibilidade específica do dispositivo, você precisa saber quantas voltas de fio usou. Considerando que provavelmente não terá essa informação (depois de centenas ou milhares de voltas manuais), você não será capaz de usar esse medidor feito em casa para documentar especificações. No entanto, a vantagem desse método é que você tem um potencial ilimitado. Quanto maior o rolo, mais sensível ele será.

Máquina Fotográfica

Em uma investigação séria, é importante ter uma máquina fotográfica à mão. Em nosso nível atual de tecnologia, a melhor maneira de aprender sobre um fantasma é conseguir uma boa foto dele. O tipo de câmera não é importante. Uma câmera 35 mm padrão funciona muito bem. No entanto, câmeras digitais são a ferramenta recomendada para a maioria. Há prós e contras em ambos os tipos. Uma câmera digital lhe dá um retorno instantâneo. Isso é uma ÓTIMA vantagem, já que permite a você reagir a uma manifestação rapidamente sem ter de correr até o laboratório fotográfico mais próximo para conferir os resultados. Considere também que as câmeras digitais têm custos mais baixos de operação. Você pode tirar fotos ao custo de alguns centavos por imagem, e pode apagar uma foto inútil para criar espaço para novas fotos. Além disso, a maioria dessas câmeras é naturalmente sensível a algumas luzes infravermelhas. Você pode testar essa qualidade vendo um controle remoto de televisão comum por meio da câmera, e então apertando um botão no controle. Se sua câmera é sensível ao infravermelho, ela deve mostrar claramente uma luz emergir do controle, uma luz que é invisível a olho nu. Isso significa que uma câmera digital pode captar tudo o que você vê *mais* um pouco do campo infravermelho que você não vê. Uma das grandes desvantagens dessa câmera é que ela não fornece um negativo para ser examinado.

Uma câmera de filme é normalmente capaz de produzir fotos de maior qualidade. Outra vantagem é que elas têm um negativo. No entanto, custa mais caro usá-las, considerando-se o preço do filme e o da revelação. O pior de tudo: não há um retorno instantâneo. Além disso, a fim de captar luzes infravermelhas, você precisa usar um filme especial, e é necessário maior esforço manual para preparar a câmera corretamente. Com câmeras digitais ou com as que usam filme, se quiser capturar a luz infravermelha *sozinha*, você precisa também utilizar um filtro que permita que apenas esse tipo de luz passe por ele. No entanto, com as digitais você pode usar apenas esse filtro, enquanto com uma câmera de filme você pode ter de usar esse filtro e algum tipo de filme especial infravermelho.

Alguns caça-fantasmas preferem máquinas instantâneas. Embora elas produzam uma fotografia mais rápido do que uma máquina de filme tradicional, as fotos ainda levam alguns minutos para ficarem prontas. Isso é LENTO se comparado a uma digital, que pode mostrar o resultado em um segundo ou dois. Alguns caça-fantasmas acreditam que as polaróides são mais sensíveis a energias espirituais. No entanto, cada foto custa mais de um dólar.

Aqui está uma comparação rápida entre as câmeras digitais e as câmeras que usam filme:

Câmeras Digitais

Prós: Retorno instantâneo; custos mais baixos de manuseio; naturalmente sensíveis a algum infravermelho e ultravioleta.

Contras: Não produzem negativos; normalmente não são de qualidade tão alta como uma câmera de filme.

Câmeras de Filme

Prós: Normalmente têm maior qualidade do que uma câmera digital; produzem um negativo para exame.

Contras: Não fornecem retorno instantâneo; custos mais altos de manuseio; têm mais dificuldade em capturar infravermelho ou ultravioleta.

A maioria das pessoas que escolhe máquinas com filme para caçar fantasmas o faz por causa do negativo. Acham que têm mais credibilidade. No entanto, de muitas maneiras, é tão fácil criar fotos falsas com uma máquina de filme quanto com uma digital. Portanto, quando você analisa todos os prós e contras, parece claro que as câmeras digitais são melhores. Isso se deve também ao método pelo qual elas interpretam o que está sendo fotografado.

O filme contém uma camada de substâncias químicas que é sensível à luz. Essa camada tem cristais que passam por uma mudança química quando a luz os atinge. A luz do que está sendo fotografado entra nas lentes e tem contato direto com o negativo. Talvez seja por isso que alguns descrevam as fotos com filme como mais "amigáveis" do que as digitais – porque o que está sendo fotografado faz uma impressão direta.

As câmeras digitais funcionam de maneira diferente. A luz do que vai ser fotografado bate em uma peça eletrônica chamada "dispositivo acoplado carregado", ou CCD (*charged coupled device*). Essa unidade interpreta os elétrons da luz como cores pré-programadas. Portanto, a imagem não é uma impressão direto do que é fotografado, como ocorre no filme. No entanto, essa pode ser uma maneira mais apropriada de fotografar fantasmas. Espíritos se manifestam em uma forma elétrica, e câmeras digitais são mais sensíveis na interpretação de tal energia. Toda luz contém um potencial elétrico, mas nem todo potencial elétrico produz luz. Um CCD pode pegar uma carga que não produz luz – e portanto é invisível para uma câmera de filme – e ainda assim criar uma imagem dela digitalmente.

Se você preferir uma câmera de filme, quanto mais sensível este for, melhor. Portanto, 800 ASA ou superior é recomendado. Não importa se você está usando uma máquina de filme ou digital, a velocidade do obturador é importante devido à mecânica da fotografia de fantasmas. Todo mundo quer ver um fantasma e fotografá-lo – para ter uma experiência real completa. No entanto, na maioria das vezes, você terá uma experiência objetiva real pela metade, onde você não vê nada quando a foto é tirada, mas uma imagem fantasmagórica aparece na foto. Como isso pode acontecer?

Pense em um ventilador. Quando as lâminas não estão se movendo, é fácil vê-las. No entanto, quanto mais rápido elas giram, mais transparentes ficam. Na velocidade total, as lâminas individuais ficam completamente invisíveis (Ilustração 14). Isso acontece porque a luz, ao se refletir nas lâminas, é quebrada por

O Equipamento

uma oscilação mais rápida do que o cérebro pode perceber. Talvez os espíritos possam aparecer de forma semelhante. Se os fantasmas ocupam uma freqüência apropriada, eles podem oscilar em um ritmo mais alto do que o olho humano pode detectar. Aí reside a vantagem da fotografia.

14. A olho nu, as lâminas individuais do ventilador são invisíveis.
Foto: cortesia de Joshua P. Warren.

Se fotografadas enquanto estiverem girando, as lâminas do ventilador podem se revelar parcialmente ou ainda parecer invisíveis. Mas o fotógrafo pode controlar o resultado ajustando a velocidade do obturador. A velocidade do obturador é a quantidade de tempo que a câmera expõe o filme àquilo que será fotografado. Se as lâminas girando forem fotografadas a uma velocidade baixa do obturador, elas aparecerão como um borrão ao serem reveladas. Quanto mais rápida a velocidade do obturador, mais clara será a imagem das lâminas. Uma foto rápida capta a hélice em uma posição transitória, enquanto uma foto lenta é exposta tempo suficiente para captar as lâminas em várias posições –

criando assim o borrão. Se a velocidade do obturador for rápida o suficiente, as lâminas na prática darão a impressão de estarem paradas (Ilustração 15). Isso de certa forma duplica a experiência de fotografar um fantasma. Para o olho nu, as lâminas são invisíveis. Quando fotografadas a uma rápida velocidade do obturador, elas se tornam visíveis. O invisível se torna visível quando se usa a fotografia de maneira apropriada.

15. Quando fotografadas com os ajustes apropriados, as lâminas se tornam visíveis.
Foto: cortesia de Joshua P. Warren.

O efeito pode também ser observado usando-se uma luz estroboscópica. Esses dispositivos duplicam a ação de um obturador de uma câmera, piscando rápido o suficiente para isolar uma imagem no seu cérebro de uma forma que ele possa perceber. Se você colocar uma luz estroboscópica em um ventilador com as lâminas em rápido movimento, elas darão a impressão de estar paradas se for usada a velocidade ideal da luz. Sendo assim, se fosse inventada uma luz

O Equipamento

estroboscópica que pudesse piscar na freqüência correta, ela poderia tornar o mundo espiritual visível para o olho nu.

Se a comparação é precisa, parece que as melhores fotografias de fantasmas podem ser tiradas com altas velocidades do obturador. Deve-se também notar que as velocidades mais altas do obturador exigem mais luz no que será fotografado. O que vai ser fotografado não é exposto por muito tempo, por isso precisa de mais luz para aparecer de forma distinta. Um alvo de uma fotografia em uma luz fraca parece mais brilhante se uma velocidade de obturador mais lenta for usada, expondo-o por mais tempo. Deixando de lado todo esse negócio da velocidade do obturador, uma porção de boas fotos de fantasmas pode ser tirada todos os dias usando-se técnicas de fotografia padrão – não diferentes de se fotografar um dia no parque. Câmeras básicas daquelas que você mira e tira a foto podem render ótimas fotos de fantasmas, bem como modelos mais manuais e profissionais. A chave é, como sempre, experimentação. Independentemente dos meios, para obter uma boa foto de fantasma o fator mais importante é estar no lugar certo na hora certa.

Você pode também experimentar perguntar a entidades se pode tirar a foto antes de batê-la. Em alguns casos, parece realmente fazer uma diferença. Isso sugere que a entidade pode ter alguma medida de controle sobre quão fotogênica ela é. Além disso, de vez em quando, tire de repente uma fotografia atrás de você, por cima do ombro. Você pode descobrir um espírito o seguindo.

Caça-fantasmas avançados podem querer aprender mais sobre a fotografia infravermelha e ultravioleta. Embora usar uma câmera digital possa lhe proporcionar um vislumbre adicional do infravermelho, o espectro eletromagnético é bem maior. Na verdade, câmeras digitais apenas vêem o "infravermelho próximo", o que significa a parte mais próxima da luz visível. O espectro eletromagnético visível vai da cor vermelha à cor violeta. Logo além do vermelho está o campo infravermelho, e logo além do violeta repousa o campo ultravioleta (Ilustração 16). Mas a luz contém muito mais. Você pode voltar ao ginásio para lembrar como uma onda de energia eletromagnética é estruturada. É como uma onda no oceano. Ela tem uma parte que sobe, uma crista, e uma parte que fica embaixo, o canal. Em um raio de energia, a distância de uma crista para a seguinte determina o comprimento de onda. A freqüência consiste em quantos comprimentos passam por um ponto fixo em um período específico. Conforme os comprimentos de onda ficam maiores, a freqüência é menor. Conforme os comprimentos de onda ficam menores, a freqüência é maior. Nós medimos comprimentos de onda em nanômetros (nm), ou um bilionésimo de metro. A luz visível vai de aproximadamente 400 a 700 nm, sendo 400 a cor violeta e 700 a vermelha. A retina humana pode ser sensível à luz ultravioleta até 350 nm; no entanto, fluidos no olho absorvem esse comprimento de onda, razão pela qual nenhuma luz ultravioleta é vista. Além disso, os olhos de algumas pessoas podem ver luz infravermelha de alta intensidade até 1.050 nm, mas ela se parece com clarões brilhantes. Se uma pessoa pode ver ou não esses comprimentos de onda de transição e até que ponto ela pode, é algo que aparentemente depende do esquema genético do olho. Você já viu um clarão de luz, e depois foi incapaz de descobrir o que o causou? Alguma coisa no campo infravermelho pode ter passado rapidamente. Perceba que pessoas mais jovens vêem mais do que pessoas mais velhas porque a densidade dos componentes dos olhos aumenta com a idade, diminuindo o tipo de luz que pode passar por eles.

Em uma ponta do espectro eletromagnético, você tem ondas de rádio de comprimento de onda grande e baixa freqüência. Se o comprimento de onda diminui um pouco, e a freqüência aumenta, você tem microondas. Comprimentos de onda ainda menores com alta freqüência produzem o infravermelho. Daí por diante, passa pela luz visível até o ultravioleta, com comprimentos de onda curtos e alta freqüência, então para os raios X e raios gama. A energia que sai de uma lanterna inofensiva pode matá-lo se você a acelerar para um nível maior, como raios gama. Desacelere, e você consegue microondas letais. É tudo a mesma substância, mas cria efeitos variados dependendo da sua forma.

Em uma ponta do espectro eletromagnético, você tem ondas de rádio de comprimento de onda grande e baixa freqüência. Se o comprimento de onda diminui um pouco, e a freqüência aumenta, você tem microondas. Comprimentos de onda ainda menores com alta freqüência produzem o infravermelho. Daí por diante, passa pela luz visível até o ultravioleta, com comprimentos de onda curtos e alta freqüência, então para os raios X e raios gama. A energia que sai de uma lanterna inofensiva pode matá-lo se você a acelerar para um nível maior, como raios gama. Desacelere, e você consegue microondas letais. É tudo a mesma substância, mas cria efeitos variados dependendo da sua forma.

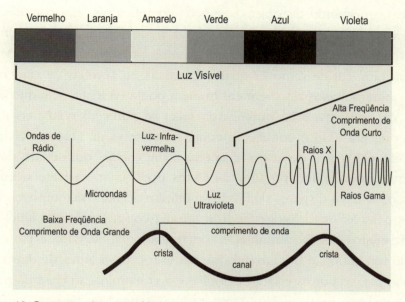

*16. O espectro eletromagnético.
Cortesia de Robert McGhee.*

Cada tipo de energia representa uma faceta da realidade a ser explorada. Os seres humanos tendem a ver sua perspectiva da realidade como a única. No entanto, pingüins podem ver a luz ultravioleta. Como é a realidade deles? O que eles podem ver que não podemos? Explorar esses outros campos de luz é importante. Tudo que nos permite explorar um campo mais amplo do que os sentidos nus percebem é valioso.

A fim de fotografar esses outros campos, você precisa normalmente incorporar filmes, filtros e várias outras tecnologias especiais, dependendo do que será explorado. Mesmo que essa seja mesmo uma arena para os pesquisadores avançados, é uma parte importante desenvolver seu conhecimento.

Independentemente do método de fotografia usado, há certas dicas que você deve lembrar quando está em campo. Boas fotos de fantasmas podem ser tiradas com ou sem flash. No entanto, quando olhar fotografias feitas com um flash, leve em consideração as faíscas de luz que podem ser causadas por ele. Tais faíscas, emanando de objetos brancos ou refletores, são comumente confundidas com imagens de fantasmas. A luz pode refletir-se especialmente de gotas de chuva, névoa ou qualquer coisa muito próxima da câmera. Você deve se lembrar também de remover quaisquer faixas ou correias da câmera. Faixas que balançam muitas vezes caem em frente à ponta da lente, sem que o fotógrafo saiba. Na foto revelada, porções da faixa se parecem com fitas lineares e brilhantes de luz. Isso é conhecido como "fenômeno da faixa da câmera". No entanto, ele inclui mais do que a faixa em si. Um cabelo, um pedaço de algodão ou qualquer coisa muito próxima às lentes pode criar esse efeito enganador. Além disso, evite os disparos de flashes múltiplos ao mesmo tempo, como quando várias pessoas estão fotografando a mesma coisa. Os flashes adicionais podem criar efeitos óticos estranhos e contaminadores. Se você é parte de uma equipe de fotógrafos, é bom avisar que vai usar o flash antes de tirar uma foto. Dessa maneira, os outros estarão avisados e a contaminação cruzada poderá ser evitada. Fumar no local, é claro, também é um tabu. Um filete de fumaça pode parecer muito com uma forma de fantasma. Mesmo sua respiração em uma noite fria pode assumir esse efeito fantasmagórico.

Com a experiência, você descobrirá que todo tipo de imagem pode ser obtido em relação a fantasmas. No entanto, há três tipos que soam mais comuns: orbes, névoas e aparições corpóreas.

Orbes

São círculos ou bolas de luzes inexplicáveis (Ilustração 17). Já discutimos a possibilidade de fantasmas às vezes viajarem nessa forma, posto que ela é a mais eficiente em relação à energia. Ainda assim, esse tipo de energia é o mais facilmente causado por meios convencionais. Uma gota de chuva, um grão de pó ou poeira na lente, um inseto ou um reflexo podem todos gerar imagens como

O Equipamento

orbes. É bom fotografar essas coisas intencionalmente para saber como elas aparecem. Um olho treinado e experiente pode diferenciar entre orbes normais e anômalos. Apenas assegure-se de agir com cautela. Os orbes mais convincentes são aqueles capturados em vídeo. Eles podem se mover com a velocidade de um raio ou balançar-se lentamente de maneira curiosa. Podem passar por objetos, e a intensidade de sua iluminação pode mudar. Algumas das fotos mais interessantes mostram orbes parcialmente atrás de objetos na foto. Isso mostra que eles estão distantes da câmera, ao contrário de um grão de poeira ou uma mancha nas lentes.

17. Esse grande orbe é um reflexo, um artefato ou algo mais?
Foto: cortesia de Brian Irish.

Com freqüência, os orbes parecem ter um núcleo, como uma célula. O núcleo parece rodeado por "trilhas" – círculos concêntricos que emergem dele. Na verdade, pode mesmo parecer com uma cebola quando é cortada no meio.

Embora orbes sejam freqüentemente captados no campo visível, eles parecem ativos no ambiente infravermelho. Por causa disso, câmeras digitais são especialmente boas para capturá-los. Algumas das atividades mais espetaculares dos orbes que já vi foram capturadas com tecnologia infravermelha. Experiências objetivas reais pela metade com freqüência incluem orbes captados por câmeras digitais, de outra forma invisíveis a o olho nu.

Já que fantasmas têm um campo eletrostático, faz sentido que partículas da atmosfera fiquem presas nesse campo e formem um pequeno conglomerado que marca a presença de um fantasma. Será que esses pontos semelhantes a orbes são impressões digitais na poeira voadora?

Não podemos afirmar conclusivamente que os orbes paranormais são fantasmas. No entanto, eles com freqüência aparecem de forma abundante em locais assombrados. Parece haver algum tipo de conexão definida entre a atividade fantasmagórica e os orbes. A natureza exata da sua relação ainda está sendo explorada.

Névoas

São massas nebulosas que aparecem em fotos (Ilustração 18). São parecidas com uma fumaça grossa. Embora normalmente branca, uma névoa pode ser de qualquer cor. Em muitos casos, as névoas não demonstram nenhum tipo de estrutura organizada. Em outros, parecem gerar formas grosseiras como corpos ou rostos. Isso certamente não significa que tais imagens estejam realmente dentro delas. As névoas lembram as nuvens. Você e eu podemos olhar para uma delas e cada um de nós ver algo diferente. É um bom exemplo da tendência do cérebro de gerar ordem a partir do caos, de conectar linhas onde elas não estão conectadas.

O Equipamento

18. Esta névoa espessa apresenta forma e textura.
Foto: cortesia de Amanda Annarino.

Uma névoa pode ser uma aparição cujo corpo quebrou o molde de seu velho corpo físico. As névoas que parecem um tanto abstratas e um tanto como um ser podem indicar um fantasma em estado de transição de uma forma para outra. Também podem ser um subproduto físico da presença de um fantasma – algum efeito que ainda não entendemos no ambiente. Em alguns casos, elas parecem na verdade consistir em umidade. As névoas, com freqüência, parecem estar em movimento, rodopiando de um lugar para o outro (Ilustração 19).

Como os orbes, elas podem ser facilmente criadas por meios convencionais. Fumaça de cigarro, neblina, condensação nas lentes e outros culpados semelhantes freqüentemente enganam os investigadores. Lembre-se: imagens enevoadas costumam ter mais dimensão, profundidade e forma, e podem mostrar padrões frenéticos e inconsistentes. Como sempre, é bom fotografar fumaça, neblina, poeira e condensação para que você possa ver como essas "névoas" convencionais surgem.

Como Caçar Fantasmas

*19. Essa névoa está se movendo em direção ao homem ou para longe dele?
Foto: cortesia de Amanda Annarino.*

Aparições Corpóreas

Essas fotos mostram claramente uma parte ou o todo de um fantasma bem definido. Sem maior análise, elas apresentam imagens irrefutáveis. Na maioria das circunstâncias, essas imagens são reais ou intencionalmente forjadas; há poucas outras possibilidades. Uma aparição de corpo inteiro é o que há de melhor.

O Equipamento

Uma das fotografias mais famosas de uma aparição de corpo inteiro é a Brown Lady de Raynham Hall (Ilustração 20). Ela foi tirada em Norfolk, Inglaterra, em 1936. Raynham Hall é uma grande mansão, e dois fotógrafos de revista estavam tirando fotos de sua arquitetura quando o fantasma apareceu, descendo a escada flutuando. Ao ver o fantasma, eles de maneira frenética bateram a foto lendária. É um desses raros casos em que uma experiência única e completamente real foi documentada. Por várias décadas, essa fotografia e seu negativo têm sido submetidos a análises extensas por fotógrafos especialistas. Nenhuma evidência de fraude foi encontrada.

Uma aparição de corpo parcial também é bastante convincente. Em alguns casos, uma parte de um corpo surge como se estivesse pairando em pleno ar. Em outras ocasiões, um torso e uma cabeça, ou talvez apenas as pernas, ou virtualmente qualquer aspecto fragmentado de um ser pode surgir. Fotos de corpo parcial de aparições são bem mais comuns do que as de corpo inteiro.

20. A Brown Lady de Raynham Hall.
Foto: cortesia de Fortean Picture Library.

Como Caçar Fantasmas

Quer você obtenha uma fotografia de um orbe, névoa ou aparição corpórea, essas imagens anômalas podem aparecer em quase qualquer cor. Com freqüência me perguntam o que essas cores significam. As negras são más? As brancas são boas? É provavelmente ridículo julgar um fantasma apenas com base em sua cor. É como dizer que uma pessoa negra é má, enquanto uma pessoa branca é boa – um tipo de racismo espectral. Por outro lado, se a cor indicar alguma coisa em relação ao fantasma, provavelmente funciona de maneira semelhante a ver uma aura. Obviamente, a cor indica a freqüência e o comprimento de onda do eletromagnetismo, bem como a temperatura (por exemplo, o vermelho seria mais frio, enquanto o azul seria mais quente e o branco o mais quente possível). Dessa perspectiva, a cor pode ter relevância.

Tirar boas fotos de fantasmas é com certeza excitante, mas usá-las como prova é uma história diferente. Uma fotografia é apenas uma fotografia. Uma imagem sozinha nunca prova nada de maneira conclusiva. Embora isso possa provar algo para o fotógrafo, sempre terá um impacto limitado na comunidade científica. É fácil demais forjar uma imagem. Além disso, a luz faz coisas incomuns. Ela reflete coisas, distorce-as, e essencialmente é vista como um coringa. É por isso que você deve usar fotos para levá-lo para as direções certas – lugares onde possa confirmar mais atividade objetiva utilizando meios como medidores, por exemplo. No entanto, há uma maneira que você pode usar para garantir que suas fotos tenham mais credibilidade. É a fotografia 3-D.

Quando você olha para uma imagem em um pedaço liso de papel, vários detalhes não podem ser percebidos. É difícil dizer quão longe os objetos estão da câmera. Você está olhando para algo pequeno bem na frente das lentes, ou para algo gigantesco a uma boa distância? A tecnologia 3-D pode ajudar a resolver esse problema. O 3-D duplica a maneira como seus olhos vêem o mundo. Ele resulta de se tirar duas fotos da mesma coisa de dois ângulos ligeiramente diferentes, imitando as perspectivas dos olhos humanos. Quando essas duas imagens são combinadas, cria-se uma imagem única e com profundidade, uma representação em miniatura da realidade.

O Equipamento

Uma câmera 3-D tem duas lentes (Ilustração 21). Quando você bate uma foto, obtém duas fotos da mesma coisa, cada uma delas de uma posição próxima, mas diferente. Em geral, essas duas fotos são colocadas em um visor especial, que as funde opticamente. Ao olhar para elas, você vê em 3-D uma experiência subjetiva. Você pode comprar uma câmera 35 mm 3-D com visor (como a câmera Argus 3D Stereo). Elas podem ser obtidas ou compradas por meio de muitas lojas de suprimentos para câmeras, ou visitando sites on-line como o www.3dstereo.com. Você pode também simplesmente colocar duas câmeras lado a lado e bater as fotos ao mesmo tempo. As lentes das câmeras devem ser colocadas a 6,5 cm de distância uma da outra, cada uma ligeiramente inclinada em relação ao que está sendo fotografado.

Uma fotografia 3-D do Empire State Building, em Nova York, foi incluída (Ilustração 22). Embora as fotos, lado a lado, possam parecer idênticas, são na verdade diferentes. Apesar de terem sido feitas para ser colocadas em um visor, algumas pessoas podem ver o efeito 3-D a olho nu. E quanto a você?

21. Uma máquina fotográfica 3-D.
Foto: cortesia de Joshua P. Warren.

Como Caçar Fantasmas

22. Uma foto estereoscópica do Empire State Building.
Foto: cortesia de Joshua P. Warren.

Uma fotografia 3-D do Empire State Building, em Nova York, foi incluída (Ilustração 22). Embora as fotos, lado a lado, possam parecer idênticas, são na verdade diferentes. Apesar de terem sido feitas para ser colocadas em um visor, algumas pessoas podem ver o efeito 3-D a olho nu. E quanto a você?

Segure as duas fotos do prédio a cerca de 30 centímetros de distância do rosto. Agora, cruze os olhos e tente fazer as duas fotos se fundirem em uma. No início pode ficar fora de foco, mas, se você sustentar o olhar, o foco deve clarear, deixando-o com um interessante efeito 3-D.

Se essa técnica não funcionar, tente outra. De novo, segure as fotos a cerca de 30 centímetros do rosto. Levante o dedo, posicionando-o entre o rosto e o livro. Olhe para o livro, além do dedo. O dedo deve "se dividir" opticamente em dois dedos. Quando você enxergar dois dedos, mova seu dedo para trás e para a frente até que "cada dedo" se alinhe com o centro de cada fotografia. Agora, olhe de novo para o dedo – ele se tornará um dedo "único" de novo. No entanto, no fundo, as duas fotografias devem ter uma terceira imagem entre elas.

O Equipamento

Conserve o olhar em um ponto no espaço ocupado por seu dedo, e então mova lentamente o dedo, tomando cuidado para sustentar o olhar. Se puder manter seus olhos nesse estado, a "terceira foto" deve ser 3-D. Novamente, para consertar o foco ruim, apenas espere um minuto, e ele deve clarear. Ainda com dificuldades? Então tente a segunda foto 3-D, que tirei da entrada de uma caverna – os turistas no primeiro plano se destacam especialmente (Ilustração 23).

23. Uma foto estereoscópica da entrada de uma caverna.
Foto: cortesia de Joshua P. Warren.

Você também pode tirar uma foto 3-D se bater uma foto, deslizar a câmera cerca de 6,5 cm e tirar outra foto da mesma coisa. No entanto, dessa forma você só pode fotografar coisas paradas. Obviamente, não funciona com algo em movimento. O método, portanto, não é indicado para a maioria das investigações de fantasmas, mas pode ser usado para documentar o local.

A melhor coisa em relação ao 3-D é que você pode excluir muitas das explicações mais convencionais para sua imagem anômala. Se você encontra uma massa branca em sua foto, e ela é capturada em 3-D, você pode provar que não é um reflexo, alguma sujeira na lente ou uma falha no processo de revelação da foto. Essas coisas são 2-D. É também bem mais difícil forjar de maneira convincente as sutilezas de uma foto 3-D. Sendo assim, uma anomalia capturada em 3-D vale bem mais do que uma capturada pela fotografia tradicional.

Durante o século XIX, quando o espiritismo estava se espalhando rapidamente, uma porção de pessoas tirou fotos falsas de fantasmas. Na verdade, isso se tornou um grande negócio. Naquele tempo, você não podia bater uma foto em um segundo. Em vez disso, a pessoa a ser fotografada tinha de ficar parada por vários minutos enquanto sua imagem era completamente absorvida pelo negativo. Nesse período, se alguém entrasse na frente da foto por vários segundos, e então saísse, acabaria aparecendo como uma figura translúcida misteriosa. A maioria do público desconhecia como a fotografia funcionava. Quando tal anomalia aparecia, as pessoas ficavam surpresas. Os fotógrafos rapidamente perceberam o valor dessas fotografias de "fantasmas". Algumas vezes, quando uma pessoa estava posando para a foto, o fotógrafo fazia com que um assistente, vestido com um lençol branco ou outra vestimenta fantasmagórica, se esgueirasse silenciosamente para trás do cliente e ficasse ali por alguns instantes antes de sair de fininho. Quando a foto era revelada, parecia que um espectro estava atrás da pessoa. Clientes ingênuos acreditavam que era o espírito de um querido ente falecido, e de repente a fotografia se tornava muito mais valiosa para o indivíduo. Esse negócio inescrupuloso rendeu à fotografia de fantasmas uma má reputação por muitos anos.

Atualmente, é mais fácil do que nunca falsificar fotos de fantasmas. Por isso a credibilidade é tão importante. Embora fotografias ilegítimas possam ser fabricadas, isso não deprecia o valor das autênticas. James Cameron foi capaz de falsificar de maneira realista o afundamento do *Titanic* em seu filme. No entanto, isso não significa que o navio não afundou realmente em 1912. Pese todas as evidências com cuidado.

Agora, conforme nossa tecnologia se expande ano após ano, o público captura um número sempre crescente de imagens fantasmagóricas. Podemos tirar fotos mais rápido e mais barato do que nunca. E agora temos acesso mais

O Equipamento

fácil para fotografar os campos infravermelho e ultravioleta. As câmeras nos permitem ver coisas que não podemos ver – coisas que se movem rápido demais ou ocupam uma seção da realidade fora do escopo de nossa observação natural. Por isso, são incrivelmente importantes. Elas podem literalmente servir como nossos olhos no mundo espiritual.

Câmera de Vídeo

Câmeras de vídeo são maravilhosas para documentar uma investigação completa (Ilustração 24). Uma equipe de pesquisa pode se beneficiar muito delas. Se um fantasma se materializar, a gravação será inestimável. Embora o vídeo seja sensível ao mesmo intervalo de luz que os olhos humanos, também pode captar presenças invisíveis, como fazem as máquinas fotográficas. As câmeras de vídeo usam CCD, tais como as câmeras digitais, por isso são sensíveis ao campo infravermelho próximo. No entanto, algumas câmeras de vídeo no mercado se destacam nesse aspecto, em especial a Sony Digital Handycam.

O século XX presenciou um dos maiores empurrões da pesquisa paranormal por causa das câmeras de vídeo com modos de visão noturna. Embora o CCD em uma câmera normal possa ver o campo infravermelho, as câmeras com recursos para noite podem enxergar mais longe nesse campo. Aparentemente, todas as câmeras CCD têm esse potencial. No entanto, os fabricantes colocam um filtro no CCD que corta a maior parte do infravermelho. Eles fazem isso para que a imagem não seja distorcida e fique então como aquela que é percebida pelo olho humano. As câmeras com visão noturna têm um botão que permite remover fisicamente esse filtro, de modo que o usuário possa desfrutar todos os benefícios da sensibilidade do CCD. Infelizmente, os CCDs não são tão sensíveis à luz ultravioleta quanto à infravermelha. Portanto, ainda é desafiador documentar esse campo de maneira conveniente. Desde que as câmeras chegaram ao mercado consumidor, uma abundância de anomalias apareceu de maneira mais proeminente no ambiente infravermelho. As que mais se destacam são os orbes.

De muitas formas, uma câmera de vídeo pode ainda ser usada como uma máquina fotográfica. É mais ou menos como uma câmera digital que tira trinta fotos por segundo. Se você pensar nela dessa maneira, conseguirá melhorar bastante sua habilidade de usá-la de forma eficiente. É claro, o problema é que ela não congela algo que seus olhos perderam. Em vez disso, segue funcionando, de maneira mais semelhante a como o cérebro vê o mundo.

24. Câmeras de vídeo são uma ferramenta integral, em especial aquelas com recursos de visão noturna infravermelha. *Foto: cortesia de Joshua P. Warren.*

Outro benefício da videografia é a IVI (*infinite video imaging* – produção de imagens infinitas de vídeo). É uma técnica controversa para capturar imagens fantasmagóricas. Ela exige uma câmera de vídeo, um televisor e – dependendo do televisor – um videocassete. Em um local assombrado, você pega uma câmera

O Equipamento

de vídeo e conecta as saídas de áudio e vídeo nas entradas de áudio e vídeo atrás do televisor. Se este for de um modelo mais antigo, talvez não tenha essas entradas. Nesse caso, você pode ligar um videocassete ao televisor, e então conectar as saídas da câmera nas entradas do videocassete. No final das contas, o que você quer é um arranjo pelo qual – não importa para onde vire a câmera – a imagem apareça ao vivo na tela da TV. Esse tipo de configuração é comumente visto em seções de eletrônicos em lojas de departamentos, quando você entra e descobre sua imagem exibida na TV.

Quando tudo estiver ligado de maneira correta, você vira a câmera em direção à tela de TV. Esta imediatamente mostra cores, desenhos e imagens abstratas. Basicamente, você está capturando uma imagem infinita. Aperte o botão de gravar da câmera. Depois de deixá-la gravar essa imagem infinita por vários minutos, pare a câmera e assista à gravação.

Alguns pesquisadores afirmam que formas supernaturais podem aparecer durante a exibição do vídeo, em especial se a fita é pausada no momento certo ou exibida em slow motion. Não há explicação clara para colocar dois espelhos numa posição pela qual um fique de frente para o outro. Você irá terminar com um túnel de imagens descendo por algum abismo tecnológico. Usando esse método, o efeito infinito pode no entanto ser gravado. É uma técnica estranha, que com certeza merece mais pesquisa.

Gravador

Gravadores são úteis para o que é geralmente conhecido como "fenômeno da voz eletrônica", ou FVE. Basicamente, você coloca um gravador com uma fita virgem em um local, que ninguém deve perturbar até que termine a gravação. Quando a fita é tocada, talvez se descubra que sons bizarros foram gravados, incluindo vozes reais do reino espiritual.

Quando se usa uma fita de áudio padrão, é possível que esses sons e vozes sejam impressos diretamente pela dimensão espiritual no meio eletromagneticamente sensível. No entanto, esse pode não ser o caso com aparelhos de gravação digitais. Embora seja um dos métodos de detecção de fantasmas mais amplamente usados, há pouco entendimento de como esse fenômeno incrível ocorre.

Alguns afirmam que são capazes de se comunicar com o "outro lado" fazendo perguntas, e então deixando a fita rolar. Na hora da reprodução, as perguntas podem ser respondidas por uma voz sombria, com o som da estática. Por alguma razão, os FVEs com freqüência soam como se estivessem trêmulos. Há uma certa sensação de oscilação no som, e isso pode fornecer uma pista que nos ajude algum dia a entender melhor o fenômeno.

É claro, dispositivos de gravação de áudio são ótimos para documentar barulhos que também *podem* ser ouvidos pelos humanos. Apenas lembre-se de que, para uma sessão bem-sucedida, a fita precisa ser virgem, e a área não pode ser perturbada. De outra forma, o menor murmúrio pode ser confundido com um som de outro mundo.

Medidor de Infravermelho

Os medidores de infravermelho são semelhantes aos medidores CEM. Eles são unidades compactas e de mão. Em vez de detectar e medir CEMs, mostram níveis de atividade infravermelha. Eles são mais úteis quando aplicados à fotografia infravermelha. Os instrumentos são capazes de localizar massas de energia invisível de maneira que possam ser fotografadas. No entanto, é preciso ter cuidado ao usar esses medidores. Eles captam seres humanos, animais e fontes de calor, normalmente a até 45 metros de distância.

Caçadores usam medidores de infravermelho – normalmente chamados de "sensores de caça" – para localizar animais de caça alvejados no meio da mata. Você pode comprá-los em lojas de artigos de caça ou por meio de catálogos para caçadores.

O Equipamento

Varetas Radiestésicas

Varetas radiestésicas são instrumentos um tanto controversos para detectar energias eletromagnéticas fantasmagóricas. Quando falamos em coisas desse tipo, nos vêm à mente pessoas buscando água nos campos com uma forquilha de madeira. No entanto, essa imagem tradicional da rabdomancia tem pouco a ver com a aplicação da técnica. Ao contrário de uma forquilha, as varetas de um caça-fantasmas podem ser feitas com um cabide de metal.

Para fazer varetas radiestésicas, você precisa cortar um cabide de metal em três lugares (Ilustração 25). O primeiro corte deve ser no meio da seção de baixo do cabide. Os outros dois devem ser feitos na metade de cada lado. Você pode descartar a seção que contém o gancho. O que sobra são dois arames rígidos dobrados aproximadamente a 45 graus. Você deve dobrar cada um dos arames para que eles fiquem em um ângulo de 90 graus. No final, você terá dois arames em um formato de L. São suas varetas.

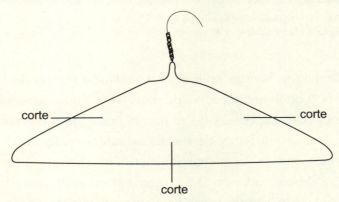

25. Quando cortado de maneira adequada, um cabide de metal fornece varetas radiestésicas eficientes.
Foto: cortesia de Joshua P. Warren.

As pontas mais curtas das varetas são os cabos. Você deve colocar um arame em cada mão, segurando-os como se fossem duas pistolas. Então, junte as articulações das mãos, posicionando os arames lado a lado. Segure de maneira frouxa, deixando as varetas girar livremente (Ilustração 26).

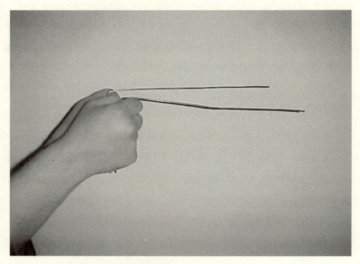

26. Varetas radiestésicas em uso.
Foto: cortesia de Joshua P. Warren.

Você pode usar as varetas radiestésicas andando por um local assombrado com elas. Não faça nenhuma tentativa de movê-las voluntariamente. Na verdade, tome precauções para impedi-las de se mover por causa de correntes de ar ou do seu passo. Por serem feitas de metal, as varetas reagem ao entrarem em contato com fortes campos de energia magnética ou eletromagnética. Elas balançam de maneira desenfreada, ou, ao chegar em cima da fonte de um campo, cruzam-se entre si. Você pode testar esse comportamento usando um ímã comum. Varetas radiestésicas podem, portanto, ser usadas de certa forma como medidores CEM e bússolas: para ajudar a localizar campos de energia.

Para tornar suas varetas radiestésicas mais eficientes, corte seções de um cano de PVC (cano para encanamento de plástico padrão encontrado em lojas de ferramentas) e passe-os em volta da parte em que você segura as varetas. Isso produz uma barreira entre sua pele e os arames, diminuindo sua influência no movimento delas e criando menor fricção para um girar mais fluido. Com a prática, você aprenderá a interpretar as varetas de maneira mais eficiente. Os mais experientes nisso dizem que os movimentos podem indicar mais do que apenas campos de energia abstratos.

Uma advertência: tenha cuidado ao usar esse dispositivo. Lembre-se de que você está andando por aí apontando arames! Não os enfie em alguém ou em alguma coisa. Tendo isso em mente, assegure-se de não usá-los no escuro ou em outras condições perigosas.

Termômetro

Quando exploram lugares assombrados, os caça-fantasmas com freqüência se referem a "pontos frios". Trata-se simplesmente de porções de ar isoladas e aparentemente autocontidas que parecem significativamente mais frias do que o ambiente à sua volta. A dificuldade em entender os pontos frios é diferenciar entre a temperatura subjetiva e a objetiva. Por exemplo, uma pessoa pode sentir o frio dos íons roçando-lhe a pele. No entanto, o simples fato de a pessoa sentir frio não significa que a temperatura esteja realmente mais baixa. A temperatura do corpo pode baixar com o nervosismo ou medo. Não é incomum uma pessoa em uma sala estar com frio enquanto a outra está com calor.

Quando tenta se materializar, um fantasma puxa energia do ambiente. O calor é uma forma de energia. Pontos frios podem ser causados por espíritos que pegam a energia do calor em volta deles, mas não chegam a conseguir o suficiente para aparecer. Não há nenhuma explicação sólida para o fato de a presença de um espírito ser capaz de causar uma queda na temperatura externa. No entanto, tais fenômenos são comumente relatados por caça-fantasmas. Para propósitos de observação, é bom colocar um termômetro na área onde os fantasmas com freqüência se materializam. Quanto mais informação você tiver sobre seus arredores, melhor.

Para tirar as leituras da temperatura de maneira eficiente, recomendo firmemente que você compre um medidor termal de não-contato (Ilustração 27). Esses dispositivos podem lhe fornecer instantaneamente a temperatura de uma área ou superfície distante até centenas de metros, em alguns casos. Eles interpretam as emanações infravermelhas de um objeto e são capazes de calcular imediatamente uma temperatura precisa. Boas unidades podem ser obtidas em lojas de eletrônicos ou ferramentas. Quanto se trata de trabalho sério, nenhum pesquisador paranormal deve estar sem um deles.

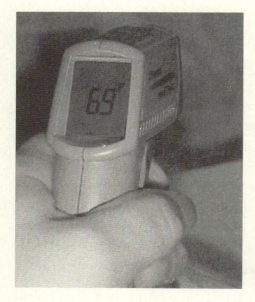

27. Um medidor de temperatura remoto fornece retorno instantâneo.
Foto: cortesia de Joshua P. Warren.

Walkie-Talkies

Quando você tem mais de uma pessoa em uma investigação, walkie-talkies são valiosos, em especial ao se pesquisar uma grande área. Se alguém está presenciando um fenômeno, outras testemunhas podem ser chamadas imediatamente. Apenas certifique-se de que a energia de transmissão não contamine seus resultados, em especial se você estiver usando um dispositivo capaz de captar ondas de rádio. Algumas vezes, os fantasmas podem até se comunicar por rádios! Além disso, locais assombrados às vezes produzem interferências de rádio estranhas, que podem ser detectadas por suas unidades.

Telefone Celular

Em locais isolados, não dói ter uma ligação com o mundo exterior. Como com rádios de mão dupla, esteja ciente de que alguns tipos de medidores captam telefones celulares. Se estiver usando tais equipamentos, você deve manter seu fone desligado até que seja necessário. Obviamente, você não vai querer atrapalhar suas leituras de energia.

Pó e Plástico Preto

Caçadores de fantasmas vêm tentando capturar as "pegadas" dos espíritos, ou ao menos algum traço físico de sua presença. Um dos métodos mais simples é salpicar pó branco em um chão escuro. Se um campo passa ali, ele pode mexer o pó, deixando uma marca ou impressão de algum tipo.

A maneira mais fácil de fazer isso é cortar as laterais e o fundo de um saco de lixo preto, criando assim um pedaço grande e reto do material. Salpique uma fina camada de farinha ou talco sobre o saco. Coloque isso em um ponto ativo e deixe sem ser perturbado. Ao conferir mais tarde, você pode descobrir que a energia de um fantasma mexeu o pó. Usando o plástico, a limpeza é fácil. Assegure-se de que outros tenham conhecimento dessa estrutura; caso contrário, você pode terminar com marcas de tênis.

Mira de Visão Noturna

Uma mira de visão noturna, muitas vezes usada por caçadores e por especialistas de vigilância, tem dois usos em campo (Ilustração 28). Primeiro, permite ao pesquisador ver no escuro sem criar poluição de luz. Isso ajuda a preservar a integridade das fotos de fantasmas ou quaisquer resultados sensíveis à luz. Segundo, como nas câmeras de vídeo e nas digitais, ela permite que você veja o campo infravermelho (Ilustração 29). A extensão que você pode ver depende da qualidade de seu dispositivo. Em geral, modelos mais baratos são considerados "geração 0". Dispositivos melhores são "primeira geração", medíocres são "segunda", e os de calibre maior são "terceira geração". No entanto, com todos os modelos você deve ser capaz de ver um raio de energia infravermelha – que de outra forma seria invisível – partindo de um controle remoto de televisor ou de videocassete. Um aparelho de alta qualidade pode até permitir que você veja a energia do calor saindo dos objetos. A geração da mira deve ser marcada no dispositivo ou incluída em seu pacote. Uma mira sem marca é provavelmente geração 0.

28. Uma mira de visão noturna básica.
Foto: cortesia de Joshua P. Warren.

O Equipamento

29. Quando observado por uma mira de visão noturna, o raio infravermelho de um controle remoto é visível.
Foto: cortesia de Joshua P. Warren.

Miras de visão noturna podem custar de cerca de 150 a vários milhares de dólares. Os dispositivos mais caros são normalmente binóculos que podem ser amarrados à cabeça do usuário. Alguns pesquisadores afirmam que só vale a pena investir nas de alta tecnologia para a observação espectral. No entanto, qualquer mira é uma boa adição a seu conjunto de ferramentas de caça a fantasmas. Elas podem ser usadas em locais fechados ou abertos, sob quaisquer condições de escuridão. Apenas certifique-se de não as usar na luz brilhante, pois poderá danificá-las, já que são muito sensíveis.

Havia um tempo em que essas miras só podiam ser obtidas em lojas de artigos de caça ou por catálogos para caçadores. Agora você pode encontrá-las com mais facilidade. Não há nenhuma marca em particular que você deva buscar. Como costuma acontecer, quanto mais cara, melhor...

Amplificador de Áudio

Locais assombrados são com freqüência cheios de sons inexplicáveis. Por causa disso, um dispositivo que aumenta e melhora sons baixos pode ser valioso (Ilustração 30). Tais instrumentos têm um uso limitado, no entanto. Se você está investigando um local como um hotel em operação ou uma casa ocupada, pode ser difícil diferenciar qualquer som paranormal de um som normal. Se o ambiente é relativamente quieto, no entanto, tal melhora do áudio pode ser um grande benefício. Muitos caça-fantasmas prendem esses dispositivos de melhora do áudio a seus gravadores de fita ou digitais, permitindo-os documentar os sons. Isso torna possível aumentar o volume mais tarde.

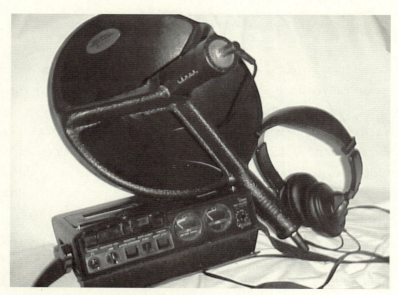

30. Um amplificador de áudio e gravador.
Foto: cortesia de Joshua P. Warren.

O mercado de hoje está cheio de softwares a preços acessíveis para a manipulação de arquivos de som. Após transferir uma gravação para um computador, você pode melhorá-la e analisá-la de variadas formas. O ouvido humano só pode ouvir sons entre cerca de 20 a 20 mil hertz. Você pode comparar isso a um cachorro, que pode ouvir até 40 mil, e a gatos, que podem ouvir até 60 mil. Criaturas menores, como roedores, são capazes de ouvir mais do que 100 mil hertz. A habilidade dos cachorros e gatos de perceber os domínios paranormais tem sido um componente básico das lendas e do folclore. Talvez essa idéia tenha credibilidade, considerando que nós sabemos que eles são receptivos a informações muito além do alcance dos sentidos humanos.

Por meio da manipulação de gravações, você pode ouvir sons que antes não foi capaz de ouvir no momento da gravação. Durante a reprodução, se você acelerar uma gravação, será mais fácil ouvir sons subsônicos ou infra-sônicos: aqueles baixos demais para seus ouvidos perceberem. Se você diminuir a velocidade, isso o ajudará a ouvir sons ultra-sônicos: aqueles altos demais para seus ouvidos perceberem.

Independentemente de como você lida com as gravações de áudio depois do fato, amplificadores de áudio vão ajudá-lo a obter tanta informação quanto possível da gravação original. Em geral, esses amplificadores consistem em fones de ouvido e um microfone ultra-sensível. Qualquer dispositivo que amplia sons pode ser usado. Você pode encontrar unidades surpreendentemente eficientes em lojas de brinquedos por preço acessível, ou modelos profissionais, usados para vigilância por detetives particulares. Eles podem ser obtidos por muitos catálogos de aparelhos eletrônicos ou encontrados com facilidade na Internet. Eu gosto especialmente do Bionic Ear & Booster, disponível pela Silver Creek Industries em Manitowoc, Wisconsin (www.silvercreekindustries.com).

Gerador Eletrostático

Essa é com certeza uma ferramenta para os caçadores de fantasmas avançados. O uso adequado desses dispositivos também requer algum conhecimento de eletrofísica.

Se a materialização de fantasmas é dependente das cargas eletrostáticas, qualquer dispositivo que rompa as ligações elétricas naturais, espalhando assim íons no ar, deve aumentar a atividade de fantasmas. Há geradores que derramam uma abundância de íons no ambiente. Usá-los pode ser como fornecer blocos de construção pré-cortados para que um espírito use para se materializar. Eles não criam atividade, mas podem aumentar a que já está ocorrendo. Essas ferramentas podem ser usadas apenas em locais fechados, já que só conseguem afetar um espaço de ar confinado.

Como mencionei antes, as máquinas Van de Graaff e Wimshurst/Bonetti são dois dos melhores geradores para se usar. Ambas podem despejar centenas de milhares de volts no ar, e tais geradores são usados primariamente deixando-os funcionar por um tempo dentro de um local assombrado. O Van de Graaff é um esferóide de metal que fica em cima de uma base isolada eletricamente. Um cinto de borracha por dentro do aparelho acumula cargas positivas que emanam da bola. O Wimshurst/Bonetti consiste em dois discos eretos e paralelos feitos de vidro ou plástico. Os discos fazem um movimento de rotação contrária e são capazes de separar cargas, pegando elétrons (cargas negativas) para um eletrodo enquanto fornecem prótons (cargas positivas) para outro.

O Wimshurst/Bonetti é superior ao Van de Graaff porque, embora ambos criem alta voltagem (ou quantidade de eletricidade), ele produz mais corrente (ou força). Independentemente do tipo de dispositivo usado, você deve prender uma agulha de metal ou prego ao eletrodo, onde as cargas se acumulam. Isso facilita o processo de as cargas se lançarem no ar, já que elas escapam mais facilmente por locais pontiagudos. Não importa como você prende o prego ou a agulha, contanto que esteja tocando o eletrodo, ou eletrodos, do dispositivo.

Para melhores resultados, use um desumidificador na sala por várias horas antes da investigação de fantasmas. Ele retira a umidade do ar, permitindo aos íons que você produz funcionar de maneira mais eficiente. De outra forma, as cargas se perderão na água do ar. Então, conduza a investigação como planejado com o(s) gerador(es) funcionando o tempo todo. Uma maneira fácil de testar o nível de umidade do ar é pegar um pedaço de lã ou pêlo e esfregá-lo rapidamente em um pedaço de cano de PVC por trinta segundos. Então, coloque o cano perto de seu rosto. Se ele tiver uma carga forte, você sentirá o campo pressionar contra seu rosto, puxando seus cabelos em direção a ele. Quanto mais forte o campo, mais seco o ar e melhores as condições para se ver uma materialização.

Você também pode comprar pequenas máquinas que borrifam íons (normalmente negativos) no ar para propósitos de limpeza. Tais cargas puxam detritos do ar e criam gás ozônio nas proximidades. O ozônio mata muitas bactérias. Embora a quantidade de cargas que elas produzem seja pequena demais para beneficiar a pesquisa de fantasmas, elas ainda são melhores do que não usar nenhum aparelho. Quanto maior, melhor. Esses pequenos dispositivos são algumas vezes chamados de "geradores de íons negativos" ou "purificadores de ar de íons", e podem ser obtidos em muitas lojas de produtos para casa ou em sites.

Outro dispositivo que devo mencionar é a bobina de Tesla. Inventada pelo gênio da eletricidade Nikola Tesla, a bobina de Tesla consiste em um transformador, capacitor, centelhador e bobinas de fio de metal primárias/secundárias. Ela funciona com uma voltagem bem alta e produz emanações elétricas de alta freqüência, bem como ionização. Os cientistas no momento não entendem tudo sobre como as bobinas de Tesla influenciam o ambiente. No entanto, há relatos de atividade supernatural aumentada quando elas estão em uso. As bobinas de Tesla podem ser muito perigosas e devem ser manejadas apenas por aqueles com experiência em parafernália elétrica de alta voltagem. Vale a pena observar que, por muitos anos, bobinas de Tesla pequenas e compactas têm sido vendidas como máquinas de raios violeta. Os vendedores afirmam que o valor terapêutico pode ser obtido ao se aplicar cargas elétricas ao corpo.

Versões desse dispositivo podem ser encomendadas do catálogo Edmund Scientific (nota: eles só vendem máquinas Wimshurst manuais).

Luz Estroboscópica

Na seção que trata de como fotografar fantasmas, expliquei como uma luz estroboscópica pode duplicar o efeito de um obturador de uma câmera. Conforme piscam, eles isolam imagens que de outra forma se moveriam rápido demais para o cérebro humano resolver. Você pode demonstrar isso facilmente apontando uma luz estroboscópica para um ventilador em movimento. Ao ajustar as diferentes velocidades da luz, você verá as pás da hélice em estágios diferentes. Da mesma forma, elas podem ajudá-lo a ver *outras* coisas a seu redor que se movem rápido demais para ser percebidas.

Durante uma investigação, é benéfico ligar uma luz estroboscópica em um ponto ativo enquanto você observa. Quanto mais rápida a velocidade da luz estroboscópica, melhor. Embora uma luz estroboscópica seja útil, dispositivos mais avançados chamados de "estroboscópios" podem piscar a velocidades incríveis – centenas de vezes por segundo. No entanto, eles podem ser bem caros. Experimentar com velocidades de piscadas ajuda a aprender mais sobre freqüências e movimentos de espíritos.

Alguns pesquisadores acreditam que a exposição a velocidades específicas da luz estroboscópica exercita os olhos, tornando-os mais capazes de perceber certas freqüências de luz. Por sua vez, isso melhora a capacidade da pessoa para ver fantasmas. Embora a imagem da sua televisão possa parecer estável, ela na verdade pisca muitas vezes por segundo. Os DVDs podem produzir uma velocidade diferente de piscada, em comparação às transmissões tradicionais ou vídeos, e aqueles que assistem a DVDs regularmente costumam afirmar que têm uma capacidade maior para ver fantasmas. Isso é em especial o caso quando se trata de ver entidades escuras e transitórias – chamadas de "pessoas de sombra" – com o canto do olho. Ninguém sabe o que são essas pessoas de sombra, mas ver fantasmas no canto do olho não é nada novo. Nossa visão periférica pode ser superior à nossa visão de frente em vários sentidos. Em termos evolucionários, isso ocorre porque, nos tempos antigos, as pessoas precisavam ver predadores surgindo sorrateiramente pelos lados. Muitas pessoas afirmam que podem ver algumas coisas com o canto do olho – coisas que de outra forma não poderiam ver. Elas dizem que várias estrelas são mais fáceis de ser vistas dessa forma, e, na verdade, itens oscilantes, como propulsores de avião, também são mais fáceis de ver. Da mesma forma que uma luz estroboscópica, seu cérebro tem uma velocidade de "fusão de piscadas". Essa velocidade pode ser diferente para a visão periférica e a de frente. Se for assim, talvez essa diferença seja maior para algumas pessoas do que para outras.

Você deve também notar que luzes fluorescentes piscam em reação a seu impulso elétrico. Nos Estados Unidos, as luzes plugadas em soquetes CA piscam 60 vezes por segundo. Isso está em relação direta com a eletricidade produzida pelas companhias de energia padrão; a corrente CA pisca 120 vezes por segundo, ou 60 Hz. Portanto, uma luz fluorescente é uma espécie de luz estroboscópica por si mesma. Em algumas investigações, você pode perceber mais atividade em uma área iluminada por elas.

Gerador de Tons

Esse dispositivo é definitivamente para o caça-fantasmas avançado. Um gerador de tons é qualquer dispositivo que soe a um hertz específico. Você pode procurar on-line e encontrar programas que lhe permitam gerar um alcance infinito de sons. Um bom programa pode ser obtido com a NCH Swift Sound, visitando www.nch.au, ou instalando o software de áudio Cool Edit, encontrado em www.cooledit.com.

Alguns pesquisadores dizem que encontraram uma correlação entre as manifestações de fantasmas e "ondas estacionárias". Deixe-me explicar. Quando um tom é transmitido em uma sala, ele se reflete no ambiente que o cerca e por fim converge em uma área na qual é concentrado. Esse ponto é uma piscina de energia invisível que forma um padrão, oscilando em uma freqüência particular e harmônica. Chamamos isso de "onda estacionária". Se sua freqüência é mais próxima da freqüência de um corpo de um espírito, ela pode realmente afetar a materialização de alguma forma. Essas ondas também podem ser criadas por equipamentos comuns, como ventiladores de teto. Qualquer dispositivo que gere um som em intervalos regulares pode produzir tal manifestação.

Essa área da pesquisa de fantasmas é altamente teórica. Portanto, como sempre, você deve experimentar.

Kit de Primeiros Socorros

Caçadores de fantasmas com freqüência se encontram em áreas isoladas. Materiais de primeiros socorros devem estar sempre acessíveis.

Comida e Bebida

Caçar fantasmas pode ser cansativo. Assegure-se de não negligenciar sua necessidade básica de comida e líquido. Você aprenderá mais sobre essa necessidade no capítulo sobre a condução de investigações.

* * *

Artigos de conveniência padrão, como papel higiênico, você pode facilmente deixar de fora, mas eles também podem ser importantes em campo. Os trajes devem ser confortáveis, e, quanto mais bolsos e mochilas, melhor, porque você terá muita coisa para carregar. Cabelo comprido deve ser colocado para trás, já que pode contaminar uma foto ou simplesmente cair sobre os olhos em um momento inoportuno. Você vai também querer se lembrar de acessórios – como extensões ou benjamins – que possam ser necessários para alguns equipamentos, como câmeras de vídeo e luzes estroboscópicas.

Conforme você aprender mais sobre fantasmas, ferramentas adicionais serão necessárias para estudá-los de maneira eficiente. Tendo isso em mente, você deve sempre estar expandindo sua coleção de instrumentos de pesquisa. Pegue o que você aprende e desenvolva em cima disso. Uma vez alcançado um entendimento completo dos espíritos, podemos esperar combinar muitas tecnologias em um "medidor de fantasmas" projetado especificamente para detecção espectral. Formule suas próprias teorias sobre a atividade, e então teste-as usando qualquer tecnologia que seja necessária. Na prática, é essa a forma como todo progresso acontece. Você logo vai personalizar seu equipamento para se encaixar em suas necessidades específicas. Todo conjunto de equipamentos de um caça-fantasmas é ligeiramente diferente.

À parte o tipo de técnica de pesquisa que você usa, as chances são de que seus resultados acabem sendo analisados em um computador. Você pode aplicar zoom em fotografias e manipular características que aumentam o foco e põem em relevo detalhes sutis. Você pode diminuir a velocidade de gravações de áudio, invertê-las ou eliminar silvos, estalos e estampidos que causem distrações. Você pode também registrar dados coletados em planilhas, o que lhe permite produzir tabelas e gráficos que ilustrem padrões de atividade. Se for esse o caso, pode considerar a idéia de levar um laptop, se possível. Em alguns casos, não é necessário examinar os resultados no local; em outras ocasiões, será de grande utilidade. Ter um computador no local não é essencial, mas pode com certeza ajudá-lo a aumentar a eficiência da sua investigação geral. Se estiver conectado à Internet, o computador dará acesso a informações atualizadas em relação à atividade solar e ao ambiente em geral.

Muitos dos equipamentos sobre os quais você leu podem ser comprados no supermercado local ou em uma loja de produtos eletrônicos. No entanto, alguns dispositivos são mais raros. A melhor maneira de você obter esses equipamentos é fazendo uma pesquisa na Internet. Isso lhe dará a oportunidade de comparar preços de uma variedade de fontes. Você ficará surpreso com a quantidade de dispositivos que pode algumas vezes adquirir usando sites de leilões. Para obter equipamentos com mais facilidade, visite o site da minha equipe em www.lemurteam.com.

A INVESTIGAÇÃO

O número de pesquisadores da sua equipe é um elemento importantíssimo em uma investigação. Convém contar com mais de uma pessoa. Testemunhas extras sempre ajudam a corroborar os fatos, tornando mais plausível a atividade relatada. Por outro lado, com um número menor de pessoas, você provavelmente terá mais chance de entrar em contato com o sobrenatural. A energia humana viva pode se impor ao fantasma, dificultando a materialização. É claro que um número maior de corpos aumenta o calor e a umidade do ar, o que dificulta a formação de cargas. Se quiser usar muitos equipamentos simultaneamente, decerto você precisará de várias pessoas. Seja qual for o caso, uma equipe de dez é melhor para pesquisar, digamos, uma residência de tamanho médio. Em forte contraste com isso, certas aparições são mais ativas na presença de muita gente. É o que costuma acontecer especialmente com os fantasmas de hotel ou as entidades que preferem residir em lugares socialmente ativos. As pessoas sociáveis na vida geralmente continuam sociáveis no além.

Se você decidir empreender a investigação sozinho, saiba que o procedimento é o mesmo da equipe. O grupo simplesmente permite percorrer mais terreno em menos tempo, compartilhar e desenvolver idéias e, possivelmente, fornecer testemunhas. Além disso, a pesquisa de fantasmas exige muitos conhecimentos (áudio, vídeo, CEM etc.), e não há quem seja especialista em tudo. Em vez de bancar o malabarista, procure contar com pessoas preparadas, que se concentrem em tarefas específicas. Independentemente do número de pesquisadores, tudo se resume a aplicar o método científico: observar, colher e organizar evidências, depois as usar para detectar padrões e correlações, formular hipóteses e teorias e estabelecer relações de causa e efeito aceitáveis.

Embora os dados de pesquisa sejam considerados frios e duros, não perca de vista que, se você visitar uma casa assombrada e o espírito for o de um ente querido do residente, é preciso ter sensibilidade para esse fato. É comum as pessoas desenvolverem relações com os fantasmas que habitam sua casa. Portanto, verifique se o espectro tem nome e procure se referir a ele de modo mais pessoal. Isso fará com que o morador se sinta mais à vontade com a sua presença e, provavelmente, aumentará suas possibilidades de contar com a colaboração da entidade. Seja qual for a situação, nunca tenha medo de falar em voz alta com uma entidade, tratando-a simplesmente como uma pessoa invisível, mas presente. Você pode inclusive lhe pedir que se aproxime de seu equipamento, para documentação, ou que lhe dê um sinal de sua presença. Explique quem você é, como o equipamento funciona e qual é o seu objetivo, então veja se isso altera alguma coisa.

A seguir, está a sinopse de uma investigação típica de uma casa assombrada ocupada.

Ao chegar, a equipe deve se apresentar de modo genérico ao proprietário/morador. Depois, este em geral mostra o lugar. Obviamente, é preferível ser guiado pela pessoa que tiver mais conhecimento do lugar e da atividade paranormal em questão. É conveniente examinar tanto a parte interna quanto a externa. Quanto mais você souber sobre o lugar, melhor. Estas são as perguntas básicas a fazer:

1. Em um cronograma, qual é a história geral da propriedade?
2. Aqui se deram fatos intensos ou dignos de nota?
3. Há quanto tempo vêm ocorrendo atividades inexplicáveis?
4. Essas atividades têm padrões?
5. Quais são as possíveis causas convencionais?
6. Na propriedade, há problemas com aparelhos eletrônicos sensíveis (por exemplo, lâmpadas que queimam com freqüência ou computadores,

rádios e televisores funcionando mal)? Isso pode indicar a atividade de energias anormais.

7. Os moradores do lugar têm sofrido efeitos psicológicos incomuns, como oscilações no estado de espírito ou sonhos intensos? E fisiologicamente? Eles ficam extremamente cansados, doentes ou agitados?

Durante a visita, pede-se que o morador relate as experiências relativas aos fantasmas e mostre onde ocorreram. Enquanto observa, a equipe deve vasculhar o lugar em busca de uma explicação convencional para os fenômenos. Nunca se esqueça de esgotar as causas ordinárias antes de chegar a conclusões sobrenaturais. Por exemplo, caso andem ouvindo ruídos estranhos no sótão, não será porque o galho de uma árvore bate no telhado quando venta? Há ratos no lugar? Um ponto frio no porão não se deve a um vazamento na parede? Há muitos objetos reflexivos que podem causar reflexos excepcionais em fotografias, parecidos com imagens de fantasmas? Use o bom-senso.

No fim da visita, convém pedir ao morador que preencha um formulário padrão como o que apresentamos no fim do livro. Se ele se recusar, explique que isso é indispensável para uma pesquisa completa. Tal informação deve ser solicitada a todos que habitam o lugar. Os que *não* testemunharam o sobrenatural são tão importantes quanto os que o testemunharam.

Em alguns casos, pode ser que você e os proprietários fiquem mais à vontade se as duas partes assinarem um contrato que isente cada qual da responsabilidade por qualquer coisa que acontecer com a outra. Por exemplo, se um membro do seu grupo cair no escuro e quebrar a perna, o proprietário do lugar estará livre de responsabilidade. Ou, se você tirar uma ótima fotografia de fantasma, o proprietário não poderá alegar que não o autorizou a fotografar em sua propriedade. Se você sentir que é importante ter uma cobertura legal, peça a um advogado que redija um contrato simples, dizendo basicamente que todos respeitarão a lei e que uma parte não processará a outra. Não se esqueça de acrescentar que todos os resultados que você obtiver legalmente lhe pertencem. Como os proprietários muitas vezes preferem permanecer anônimos, também se pode incluir uma cláusula de confidencialidade, simplesmente afirmando que você não divulgará detalhes da investigação como o nome do proprietário ou o endereço da propriedade.

Ademais, a equipe de pesquisa deve preparar o diário de investigação (veja o exemplo no fim deste guia). Uma vez preenchidos os formulários e discutida a informação, convém esclarecer ao morador como o seu equipamento funciona. Geralmente, isso implica explicar a base teórica da ocorrência de aparições. Dê-lhe uma idéia do que você pretende fazer e de quanto tempo vai demorar. É importante que os membros de uma equipe de investigação sejam bons comunicadores, pois terão de explicar constantemente aos moradores/proprietários o que estão fazendo e se esforçar para que eles se sintam bem em uma situação tão inusitada. Também convém ter senso de humor e contribuir para que todos fiquem relaxados. Embora a morte e a espiritualidade sejam coisas sérias, procure ser divertido, mas sem faltar ao respeito.

Pergunte se o morador tem alguma exigência especial (por exemplo, lugares a que você deve ou não deve ir ou coisas que ele prefere que não sejam perturbadas). Lembre-se de que a sua paixão pelo trabalho, por maior que seja, não prevalece sobre o direito de propriedade. Procure ser o mais silencioso, respeitoso e discreto possível. Também é recomendável informar o morador de qualquer exigência especial que você tenha. Por exemplo, se quiser instalar um gravador em um quarto, explique que só se pode obter resultados úteis se não houver nenhuma interferência nesse cômodo. O mesmo vale para a tentativa de colher pegadas do fantasma, assim como para quase todas as formas de monitoramento sério. Quando tudo isso estiver esclarecido e feito, é bom que a equipe percorra sozinha o lugar, procurando senti-lo. Isso também dá às entidades a possibilidade de se habituar a vocês. O grupo deve discutir todas as coisas especiais que tiverem sido notadas durante o percurso. Convém fazer uma segunda visita, dessa vez com instrumentos portáteis que permitam uma "leitura inicial" do lugar. Trata-se de uma leitura geral que lhes dará uma idéia básica de onde podem estar os "pontos quentes". A seguir, a equipe deve visitar as áreas mais ativas, tentando detectar os "pontos quentes" tão especificamente quanto possível. Não se esqueça de procurar os campos criados por meios artificiais.

A Investigação

Nas investigações mais sérias, talvez você queira ter uma planta do lugar para marcar as regiões de energia estranha.

A equipe deve decidir quais áreas serão investigadas primeiramente e qual tecnologia empregar nelas. Talvez seja o caso de colocar um gravador em um lugar, uma mira ou binóculo de visão noturna em outro, um par de varetas radiestésicas em outro, e assim por diante. O restante do tempo deve ser dedicado à observação, à documentação e, se for desejável, à distribuição de tarefas. Naturalmente, o modo específico de obter informações depende do objetivo da investigação.

Não há prescrições fixas indicando quem deve ir aonde e qual equipamento deverá ser usado. Trata-se simplesmente de adaptar a sua coleta de informações à atividade em questão. Por exemplo, se as pessoas ouvem freqüentes ruídos ligados a fantasmas no banheiro do primeiro andar, esse é um bom lugar onde concentrar o esforço de gravar sons. Portanto, a pessoa mais qualificada para lidar com o gravador deve assumir esse posto. Se as aparições forem vistas mais amiúde na sala de estar, esse é o lugar indicado para a instalação das câmeras com os operadores qualificados. Se estiver fazendo uma investigação mais prolongada, trate de usar todos os instrumentos de coleta de informação em todas as partes do lugar. Obviamente, quanto mais tempo você passar em um ponto, maiores serão as probabilidades de nele obter resultados positivos. Entretanto, se o seu tempo for limitado (por exemplo, uma só noite), concentre os esforços nos lugares onde houver maior possibilidade de obter resultados, com base em relatos anteriores e nas leituras iniciais.

Desenvolva um sistema para marcar os cômodos em que se instalou equipamento de gravação que não admite interferências. Um pedaço de fita adesiva vermelha na porta é suficiente. Qualquer coisa serve, contanto que chame a atenção da pessoa antes que ela contamine uma área de observação. À parte isso, todos os que se encontram no lugar devem estar informados sobre esses pontos.

O ideal é que a investigação dure toda a noite. Por isso, é bom ter à mão um pouco de café e algo para comer. Sempre convém que os pesquisadores disponham de muito líquido. Por algum motivo, a investigação de aparições geralmente os desidrata e lhes esgota a energia, talvez porque as tumultuosas energias do lugar afetem seu organismo inadaptado. É claro que isso se soma ao desgaste de percorrer vastas áreas quando necessário.

Durante a noite, é bom que os moradores ou proprietários façam o que normalmente fazem. Devem jantar, assistir à televisão, tomar banho... enfim, comportar-se como se os pesquisadores não estivessem presentes (na medida do possível). Sua rotina pode ter um papel importante no fenômeno sobrenatural – principalmente se algumas de suas atividades fizerem com que os espíritos ajam de determinado modo. Também convém que os moradores se deitem no horário habitual.

Em sua maioria, os caçadores de fantasmas são noctívagos, gostam de trabalhar quando o restante do mundo está dormindo. Nem sempre é o caso. A presença de gente dormindo pode realmente favorecer a materialização de fantasmas. Uma antiga teoria sustenta que os espectros conseguem usar a energia ociosa dos que dormem para obter poder físico. Alguns caçadores de fantasmas chegam a levar consigo um "dorminhoco" nas investigações. Ao chegar ao lugar assombrado, a função dessa pessoa consiste apenas em dormir.

Na manhã seguinte, os caçadores de fantasmas que ficaram sem dormir geralmente estão exaustos. Depois de informar os moradores dos detalhes mais importantes, a equipe costuma ir para casa descansar. No dia seguinte (com os fatos ainda frescos na mente), ela deve se reunir e discutir a investigação. Recomenda-se fazer um relatório escrito, resumindo e detalhando a atividade observada. Uma cópia vai para o proprietário ou morador; a outra fica no seu arquivo da pesquisa, acompanhada do material de apoio: fotografias, videoteipes ou qualquer outra evidência. É claro que toda atividade significativa que tenha sido observada tende a levar a mais investigação.

Passo a passo, você deve:

1. Informar-se sobre a história geral e a disposição do lugar.
2. Cuidar da papelada, como os formulários de entrevista, e preparar o diário de pesquisa.

3. Localizar os "pontos quentes" mediante leituras iniciais.
4. Documentar o máximo de informação possível sobre cada ambiente presente.
5. Examinar os resultados, procurando correlações e padrões.
6. Excluir os fenômenos convencionais, deixando apenas a atividade anômala.

Toda vez que voltar ao lugar, procure estreitar a busca com base nos últimos resultados da investigação. Isso conservará a sua eficiência, permitindo-lhe usar os seus recursos limitados no estudo dos fenômenos mais relevantes e anômalos.

É importante notar que cada investigação é diferente das outras. As variáveis mudam constantemente. Em geral, o procedimento se baseia sobretudo no bom-senso. Contando com uma boa documentação do ambiente e dos fatos, é provável que você tenha êxito. Repito que o método de operação sempre se estrutura de acordo com o que você quer realizar. Uma excursão apenas para documentar espectros há de ser encarada diferentemente de uma destinada a livrar o lugar de espíritos. Defina o que pretende fazer e monte o procedimento de modo a atingir seu objetivo específico.

Muitos caçadores de fantasmas perguntam se é ético cobrar pelo serviço que prestam. Afinal de contas, não falta quem se disponha a pagar por uma boa investigação. É errado aceitar esse dinheiro? Eu dediquei milhares de dólares e muitos anos da minha vida a essa matéria. Sinto-me quase insultado quando dizem que não mereço uma compensação pelo meu tempo e a minha experiência. Alguns críticos ignorantes alegam que uma pessoa remunerada não pode ser honesta. Contudo, qualquer outro tipo de pesquisador é pago. Ninguém critica os biólogos, os químicos, os astrônomos ou os físicos por serem remunerados. O seu médico cobra cada consulta, mas acaso isso significa que o serviço prestado por ele é ilegítimo? Qual é a sua profissão? Você a exerceria melhor se não fosse remunerado? É ridículo pensar que um pesquisador paranormal sabota automaticamente sua credibilidade ao aceitar pagamento. Nós saldamos nossas contas como todo o mundo. Aliás, ganhar dinheiro é essencial para o progresso da pesquisa técnica. É claro que, em qualquer profissão, o pagamento *é* um problema quando afeta a integridade do trabalho. Ao empreender uma investigação paga ou não, você deve oferecer unicamente resultados HONESTOS: isto é o que há de mais parecido com o Juramento de Hipócrates para um pesquisador paranormal. Não fique constrangido por ganhar dinheiro, mas procure ganhá-lo honesta e merecidamente.

QUANDO VOCÊ OS ENCONTRA

Muitas pessoas ficam tão preocupadas em achar os fantasmas que não se preparam para o que fazer *quando* os encontrarem. Se você quer dar apenas uma olhada, tudo bem. No entanto, se quer mais, precisa ter os meios necessários para atingir seu objetivo. Além de documentá-los e de gerar as condições para a materialização, você pode querer se comunicar com eles, ou mesmo se livrar deles. Se é este seu caso, você está entrando em um campo totalmente novo.

Além de registrar sua experiência por todos os meios disponíveis, não há um procedimento padrão para o que fazer quando se encontra um fantasma. Como costuma acontecer, tudo depende das suas razões individuais para explorar a atividade. Seja qual for o caso, se você encontrar uma entidade estranha, trate-a exatamente da mesma forma como faria com um desconhecido na rua: com cortesia e respeito. Lembre-se de que a maioria das entidades são simplesmente humanos em uma forma diferente.

A Comunicação com os Espíritos

Quando Franklin D. Roosevelt estava na Presidência dos Estados Unidos, a rainha da Holanda tentou atrair o interesse de sua mulher, Eleanor, para a comunicação espiritual. Depois de ouvi-la, a Sra. Roosevelt respondeu: "Já que de qualquer forma estaremos mortos por um bom período, é na verdade uma perda de tempo ficar conversando com eles antes de chegarmos lá". Para a maioria das pessoas, esta parece ser uma perspectiva lógica. Naturalmente, nem todos partilham dessa opinião.

Sejamos realistas. Não há meio confiável de nos comunicarmos com os espíritos. Se houvesse, não teríamos controvérsias sobre a existência de uma vida após a morte. No entanto, isso não significa que você não possa fazer experiências. Teste diferentes métodos para desenvolver suas opiniões próprias sobre a comunicação espiritual. A seguir, mostramos algumas das técnicas comuns que você pode explorar.

Sensitivos

A maneira mais antiga de atingir a comunicação espiritual é pelo uso de médiuns. É também a menos confiável. Desde os tempos bíblicos, os médiuns tentam falar com os mortos usando capacidades psíquicas especiais. Embora todos possuam algumas capacidades psíquicas, muitos sensitivos profissionais são uma fraude. A capacidade psíquica verdadeira costuma ser esporádica. No entanto, existem *alguns* médiuns autênticos. São os realmente abençoados.

Durante séculos, e especialmente nos anos 1800, os médiuns realizaram sessões tentando comunicar-se com os espíritos. Nessas sessões, campainhas tocavam, objetos se moviam e todo tipo de coisas bizarras podia se manifestar. Normalmente, tratava-se de um show de habilidades. Harry Houdini ficou tão desgostoso com os médiuns que devotou uma boa parte de sua vida a desmascará-los. As sessões eram normalmente realizadas para tirar vantagem da necessidade de uma pessoa enlutada de se comunicar com um ente querido que se fora. A pior coisa dessas sessões foi prejudicar a visão que o público tem do espiritualismo. Por causa dessa atividade inescrupulosa, muitos acreditaram (e ainda acreditam) que toda a atividade ligada a fantasmas é fraudulenta. Isso é semelhante ao prejuízo causado a esse campo pelas falsas fotografias de espíritos.

A pior coisa em relação ao uso de sensitivos para detectar fantasmas é que *você está usando um fenômeno inexplicado para tentar explicar outro*. Não há prova universal aceita de que a capacidade psíquica existe. Portanto, por que você acha que ela o ajudaria a compor um dossiê sobre a atividade de fantasmas? Se precisa levar um sensitivo para a cena, não lhe dê nenhuma informação sobre o local assombrado. Receba a resposta dele, e então decida se com isso você vai a uma direção que poderá ser confirmada por meio de métodos científicos.

Um sensitivo legítimo pode ser realmente valioso para uma investigação. Ainda que sejam essenciais para embasar fatos objetivos, os instrumentos não podem lhe fornecer nomes e idades dos espíritos, ou ilustrar cenários históricos relativos ao fantasma. Se um sensitivo é autêntico, ele pode ser capaz de colorir suas informações com mais substância emocional. Seja qual for o caso, um sensitivo autêntico não deve se ofender quando suas capacidades são vistas com ceticismo. Faça com que ele as comprove. Um sensitivo fraudulento o faz perder seu tempo. Um mágico profissional pelo menos é divertido.

Além de listar poderes psíquicos, *há* uma maneira pela qual você pode às vezes usar seu corpo como um detector de fantasmas. Os humanos podem sentir com facilidade os campos eletrostáticos. Coloque sua mão perto da tela de um televisor. O espesso campo estático pressiona suavemente sua carne, fazendo os pêlos da mão se eriçarem. Se você for especialmente sensível a essa sensação, tente caminhar por uma área assombrada com os braços e palmas das mãos esticados. Procure ter uma percepção íntima do que sente. Se suas mãos passarem por um forte campo eletrostático, você as sentirá como na tela do televisor. As pessoas variam em termos da sua sensibilidade diante dessa sensação.

Algumas são tão sensíveis a energias de fantasmas que simplesmente não conseguem suportá-las. Não é incomum pessoas ficarem nauseadas na presença de um lugar assombrado. Alguns anos atrás, visitei uma fantástica casa de três andares que só tinha um cômodo ativo: um espaçoso dormitório no andar de cima. Era visualmente espetacular; no entanto, a proprietária da casa não conseguia entrar naquele quarto. Após dez ou quinze segundos, ela começava a se sentir extremamente mal. Este era o único fenômeno estranho que ela experimentava, ainda que outros moradores da casa tivessem visto aparições no andar. Ninguém mais se sentia nauseado naquele quarto. Aparentemente, ele estava relacionado com a sensibilidade individual dela.

Parece que as crianças podem ser especialmente sensíveis. De fato, elas podem ter uma capacidade melhor de captar os fantasmas em geral, possivelmente porque não estão usando sua força cerebral para se concentrar nas distrações diárias dos adultos. Investiguei uma casa assombrada habitada por uma família com uma garota de 8 anos de idade. Ela dormia sozinha em um quarto do andar superior. Depois de a família ter morado lá por uma semana, a menina começou a falar com o pai sobre um caubói que ela tinha visto andando em um quarto desocupado do outro lado do corredor. A figura teria ido até o quarto e desaparecido. Como não observou nada de anormal, o pai ignorou as histórias, considerando-as uma fantasia de criança, até que um vizinho lhe contou de um homem que tinha se matado naquele quarto nos anos 30. Naturalmente, os homens naquela época costumavam usar chapéu. Uma criança poderia facilmente enxergar uma figura dessas como um caubói.

Tábuas de Ouija

As tábuas de Ouija tornaram-se um dos dispositivos mais populares para a comunicação com os mortos. Elas consistem simplesmente em uma tábua sobre a qual são impressos um alfabeto e números. Dois usuários, normalmente um homem e uma mulher, deixam descansar seus dedos suavemente em um ponteiro. Depois, são feitas perguntas a quaisquer espíritos que estejam por perto. Supostamente, o ponteiro começa a deslizar pela tábua, apontando letras que formam respostas. Há muitas histórias sobre as tábuas de Ouija. Alguns afirmam que só espíritos ruins podem ser contatados por elas. Outros dizem que você nunca deve usar uma sozinho, ou poderá ser dominado e possuído por uma entidade maligna.

Apesar de todo o alarido, há poucas evidências de que as tábuas de Ouija funcionem. Em muitos casos, um usuário está tentando enganar o outro ao manipular o ponteiro. Mas a influência mais comum no comportamento é chamada de "automatismo". É um processo pelo qual o cérebro humano subconscientemente manipula impulsos nervosos e minúsculas contrações musculares para causar um movimento involuntário. Por exemplo, pegue um colar aberto e deixe-o pender da ponta dos seus dedos. Então, de uma maneira vívida, imagine-o balançando em círculo, em sentido horário. Depois de alguns momentos, o colar *vai* balançar descrevendo um círculo no sentido horário, embora você não esteja tentando fazer isso. Você pode então imaginá-lo balançando em círculo no sentido anti-horário, ou para trás e para a frente, ou de um lado para o outro. Em qualquer caso, o colar vai responder, balançando da maneira pela qual você o visualizou. A simples visualização faz o corpo responder subconscientemente. Se você não soubesse bem disso, diria tratar-se de telecinese. Se tem noções preconcebidas sobre uma resposta em uma tábua de Ouija, você pode influenciá-la subconscientemente.

É possível que uma tábua de Ouija às vezes funcione como um "dispositivo psiônico". Este é um instrumento que uma pessoa usa para acessar diretamente sua capacidade psíquica. Embora cada um de nós provavelmente tenha alguma capacidade psíquica, a sociedade voltada para o físico procura nos convencer de que não. Essa dúvida sobre nós mesmos pode nos impedir de acessar nossas capacidades, convencendo-nos de que elas não existem. No entanto, podemos usar uma ferramenta para acessar esse potencial. Vivendo em um mundo físico, naturalmente colocamos mais fé em coisas físicas. É possível que uma tábua de Ouija sirva como uma ferramenta para acessar nossa PES inerente. Ainda que você conscientemente talvez não esteja atento a esse processo, o automatismo pode mover o dispositivo acessando sua mente psíquica. Dessa maneira, as respostas vêm de você, mas você não percebe.

Embora as tábuas de Ouija possam ou não funcionar, algumas pessoas confiam nelas. Como acontece com todas as coisas, sugiro que você experimente. Então, poderá decidir se uma tábua de Ouija funciona para você.

Escrita Automática

A escrita automática é um outro exemplo de uso de um dispositivo psiônico. Nesse caso, os instrumentos são um simples bloco de papel e lápis ou caneta. A pessoa pega o lápis ou a caneta, posiciona a mão sobre o papel e deixa a mente vaguear. Após alguns minutos, a mão começa a fazer rabiscos. É importante a pessoa *não* prestar atenção ao que a mão está escrevendo. Em alguns casos, frases inteligentes são escritas. Com freqüência, há relatos de mensagens recebidas do mundo espiritual – especialmente se este é o campo que a pessoa em questão está tentando acessar.

A escrita automática *pode* ser usada de maneira mais específica. O processo é mais comumente utilizado por aqueles que tentam acessar suas mentes subconscientes para explicar suas neuroses e fobias. Por exemplo, alguém pode perguntar: "Por que tenho medo de cobras?" Então, deixa a mente vaguear. Às vezes, uma resposta ou imagem é escrita ou desenhada, ajudando a responder à pergunta. Encontrar a fonte de um problema é o primeiro passo para resolvê-lo.

O problema com esse método está na operação da mente. O subconsciente humano é um lugar vasto e confuso. Quando usa a escrita automática para se comunicar com os mortos, você dificilmente consegue saber com certeza se as respostas vêm do mundo espiritual ou de dentro de você.

O Pêndulo

Um outro dispositivo popular para a comunicação com fantasmas é o pêndulo. Você pode fazer um pêndulo com um pedaço de barbante ou linha de pescar, de 15 a 20 cm de comprimento, com um pequeno peso amarrado na ponta. Um peso de vara de pescar costuma funcionar muito bem. Quanto mais equilibrado o peso, melhor. Um objeto de formato simétrico, portanto, é aconselhável.

O passo seguinte é fazer um círculo em um papel e desenhar uma cruz dentro dele (Ilustração 31). Coloque o papel sobre uma mesa. Então, segure o pêndulo cerca de 5 centímetros diretamente acima do diagrama, apoiando seu cotovelo na mesa. Agora você deve definir uma direção de movimento (para a frente e para trás) como "sim". A outra seria o "não". Em vez de usar essa convenção, você pode adotar os movimentos horário e anti-horário.

Feito isso, você pode fazer perguntas ao espírito em qualquer lugar assombrado. Naturalmente, as questões devem ser do tipo que pode ser respondido com "sim" ou "não". Feita uma pergunta, o pêndulo deve começar a se mover. Segurar o dispositivo acima da cruz ajuda a ver a direção na qual ele está se movendo. Tal como acontece com as tábuas de Ouija, o problema com essa técnica é o automatismo. É muito fácil o usuário influenciar subconscientemente os movimentos do pêndulo e antecipar a resposta. Como ocorre com métodos similares, suas respostas não podem ser levadas muito ao pé da letra.

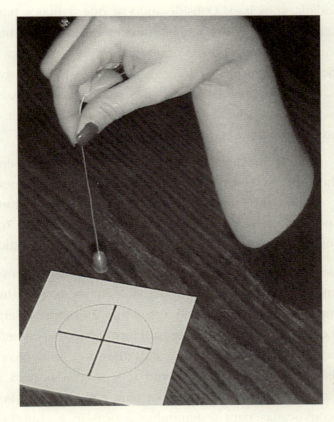

31. Um pêndulo sendo usado acima de um desenho de uma cruz.
Foto: cortesia de Joshua P. Warren.

Esses são alguns dos meios mais comuns para tentar uma comunicação com o mundo espiritual. A lista pode continuar interminavelmente. Alguns inventores dedicaram anos a construir complicados dispositivos que permitissem aos humanos falar com os mortos. O próprio Thomas Edison trabalhou em um deles! Mas, é preciso insistir, *não* existem meios confiáveis de fazer isso. Até que um método confiável seja inventado, você deve se concentrar mais em maneiras objetivas de documentar fantasmas. Técnicas subjetivas apenas confundem o processo e normalmente se revelam contraproducentes.

Limpando um Local de Atividade

A maioria das pessoas que possuem locais assombrados ou vivem neles não fica especialmente incomodada com isso. Considerando-se que a maior parte das atividades é inocente, isso é visto como um estimulante curioso para uma conversa original. No entanto, por vezes a pessoa pode querer que a presença se vá. Espíritos sombrios podem fazer um lugar parecer melancólico e depressivo, prejudicando os moradores. Espíritos malevolentes podem ser simplesmente cruéis. Embora os papéis do pesquisador de fantasmas e do exorcista não sejam os mesmos, você pode oferecer *alguma* assistência.

O jeito mais comum de livrar um local de uma entidade é simplesmente pedir a ela, ou ordenar-lhe, que vá embora. Esta pode parecer uma maneira ingênua de se aproximar da situação; no entanto, com freqüência funciona. Aparentemente, muitos espectros acabam ficando por perto por opção. De forma a tornar o processo mais eficaz, ele geralmente é feito de maneira ritualística.

Uma cerimônia é uma maneira de consolidar formalmente intenções e ocasiões. Pense como nós normalmente as incorporamos à vida em sociedade. Uma das mais comuns é a cerimônia de casamento. A cerimônia é completamente desnecessária. Os casais poderiam apenas preencher um formulário. No entanto, o documento só serve para a finalidade legal. Existe algo mais no casamento do que meros aspectos legais? Cerimônias de casamento são projetadas para se concentrar em um intento particular: unir duas pessoas para a vida inteira. Pessoas de importância são convocadas para testemunhar a ocasião e contribuir com suas mentes e almas para o acontecimento. Não há nada vago ou reticente a respeito. Tudo é feito de forma transparente e pública. Os símbolos do casamento – as alianças – têm um significado, mas apenas porque conferimos esse significado a eles. Todo o evento é uma maneira simbólica de afirmar uma situação. Os símbolos só são bons na medida em que lhes atribuímos significado. Se nossos pensamentos não fossem ativamente importantes, nós não teríamos símbolos.

Pedir, de maneira cerimonial, que uma entidade vá embora é igualmente importante porque demonstra a seriedade de suas intenções. Um ritual desse tipo normalmente coloca você, seus colegas e os proprietários do local sentados juntos em um ambiente calmo e tranqüilo. Nessa hora, você pode querer acender velas e incensos ou fazer qualquer coisa que represente a limpeza da mente dos proprietários. Estabelecer um forte senso de propriedade no dono do local sempre ajuda. Essa pessoa precisa ter uma consciência clara de que controla o local, e isso vai ajudar a adicionar força à resolução dela.

Utilizar o sistema de crenças do proprietário também funciona como uma ferramenta poderosa. Isso pode fazê-lo sentir-se mais confortável e lhe proporcionar um caminho familiar pelo qual possa acessar sua força espiritual. Por exemplo, um católico pode aspergir água benta em uma área. Em qualquer caso, ações físicas representam intenção mental, e intenção mental é, no final das contas, o que faz o trabalho. É toda uma forma encenada de pedir de maneira firme e oficial à presença que vá embora. Isso pode ser o bastante.

Há indivíduos que parecem impor mais respeito aos espíritos. Essas pessoas têm um taxa de sucesso maior quando pedem para que os fantasmas vão embora. À parte a afiliação religiosa ou outras variáveis do tipo, parece que elas simplesmente têm um impacto maior no meio ambiente físico. Esse dom é um mistério. No entanto, pessoas em situação de desespero podem querer procurar esse tipo de indivíduos. A melhor maneira para isso é fazer uma pesquisa on-line, ou visitar o site www.lemurteam.com para uma orientação atualizada.

Se você tem a sensação de que uma entidade assombrada quer cumprir uma meta específica, pode também finalizar a atividade ajudando-a a cumprir esse objetivo. Isso tem a ver com a categoria de assuntos inacabados. Se o espírito quer identificar um assassino, fazer uma despedida, revelar um tesouro escondido ou qualquer coisa dessa natureza, você pode encontrar uma forma de auxiliá-lo. A atividade aponta para uma determinada direção? Você encontra dicas ou padrões consistentes? Se a atividade fantasmagórica apresenta um tema comum, siga esse tema. Talvez um martelo caia com freqüência de uma prateleira. Há algum carpinteiro na família? Existe alguma coisa importante colocada em uma caixa fechada com pregos? Não deixe que as árvores o façam perder a perspectiva da floresta. O que um fantasma pode estar querendo dizer a você?

Um antigo associado meu começou experimentando um misto de atividade fantasmagórica e sincronicidade negativa depois que voltou de uma viagem à França. Sendo um camarada meticuloso, ele anotou cuidadosamente as ocorrências e percebeu que a maioria delas acontecia quando estava próximo de um suvenir que trouxera das férias. Enquanto explorava as catacumbas sob Paris no Dia da Bastilha, ele arrancara um dente de um crânio e o guardara como recordação. Depois de descobrir sua ligação com a atividade perturbadora, prontamente levou-o a um cemitério e enterrou-o com respeito. As ocorrências fantasmagóricas cessaram de imediato. Aparentemente, o espírito só queria que seus restos descansassem em paz.

Por outro lado, em um local fechado, *existe* um jeito mais científico de lidar com o problema. Se é verdade que a interação dos fantasmas com o mundo físico depende da manipulação de íons elétricos, você pode controlar a quantidade disponível destes. Para acentuar a atividade fantasmagórica, você pode querer que o ambiente esteja seco. Assim, pode usar um desumidificador para ampliar os fenômenos espectrais. Da mesma forma, você pode fazer exatamente o oposto para impedir essa atividade. Usar um umidificador em uma área acrescenta umidade ao ar. Isso faz as cargas vazarem. Se você mantiver um umidificador funcionando, ele diminuirá bastante a atividade fantasmagórica em uma área interna assombrada.

Uma vez investiguei um local em que os proprietários, marido e mulher, estavam sendo vítimas de uma atividade malévola. Por vezes, quando passavam por um determinado corredor, uma mão gelada batia-lhes na face. Eles tinham medo de dormir à noite, porque às vezes acordavam vendo o fantasma, um homem com um brilho azul – o rosto ameaçador – pairando sobre sua cama. Uma ocasião, o marido quase teve um ataque do coração ao acordar diante da visão arrepiante. Eles estavam dispostos a se mudar, e me chamaram como um último recurso. Essas pessoas já tinham pedido várias vezes à entidade para partir, e haviam levado padres e pastores para abençoar o local, mas nada funcionara. Depois de identificar três pontos fortes de atividade paranormal na casa, sugeri que colocassem um umidificador em cada um deles, funcionando 24 horas por dia. Eles concordaram, e depois de dois dias a atividade parou.

Ao longo dos anos, vi essa solução simples ajudar muita gente. No entanto, os umidificadores precisam ser colocados nas áreas corretas – aqueles pontos em que o espírito parece obter sua energia. Por outro lado, houve também muitos casos nos quais os umidificadores não funcionaram. Parece que alterar o ambiente físico interfere somente com a capacidade do espírito de se materializar eletricamente. Além disso, a eficácia pode ser restringida pela força e mestria da entidade. Impressões, entretanto, freqüentemente são eliminadas por esse método.

Diz-se também que jogar sal no chão pode ser benéfico em alguns casos. O sal é composto de cristais, e essas estruturas manipulam a energia ambiente, por vezes neutralizando as condições necessárias para a atividade paranormal. O sal também pode simbolizar limpeza: absorvendo a atividade da mesma forma como absorve água.

Anteriormente, discutimos também o significado dos espelhos. Se você descobrir atividade fantasmagórica ocorrendo em torno de espelhos, experimente alterar a posição deles. Isso vale especialmente para o caso de dois espelhos colocados um diante do outro. Em alguns casos, uma coisa simples como essa pode acabar com a atividade.

Por último, tal como ocorre com a comunicação, não há uma forma garantida de livrar um lugar de todas as entidades. Infelizmente, não temos uma armadilha como aquela usada no filme *Os Caça-Fantasmas* – um dispositivo que suga um espírito para dentro de uma caixa. Isso é uma prova de quão pouco realmente compreendemos a forma como os espíritos funcionam no mundo físico. Mas por isso é tão importante documentar cientificamente sua presença o máximo possível. Se fizermos isso de uma forma eficiente, ainda seremos capazes de encontrar uma maneira de controlá-los. Do jeito que está, só resta a muitos moradores de casas assombradas enfrentar a situação e se mudar.

PROTEGENDO-SE DE FANTASMAS

Caçadores de fantasmas novatos costumam ficar preocupados com os perigos de buscar o sobrenatural. A maior ameaça é sua própria fraqueza psicológica. O desejo de estar frente a frente com uma entidade é uma coisa. Fazê-lo é outra bem diferente. Normalmente, não há nada a temer. A maioria dos fantasmas não tem o poder ou a força de vontade para provocar um dano físico sério. Mas os humanos têm um medo natural do desconhecido, e os fantasmas incorporam esse medo mórbido. Alguém que não esteja preparado para viver um encontro espectral pode ter um ataque do coração quando – e se – ele acontecer, sobretudo se a pessoa estiver sozinha. Por essa razão, é importante estar psicologicamente preparado.

No feriado de 4 de julho de 2001, um hotel no Sudeste dos Estados Unidos realizou um fantástico show de fogos de artifício. No meio da apresentação, um segurança estava inspecionando um velho edifício na propriedade, por iniciativa própria. De repente, ele ficou surpreso de ver um homem, usando uma cartola, de pé em um cômodo escuro. Ele estava de costas para o guarda, voltado para uma grande janela, aparentemente apreciando o espetáculo dos fogos. Ele se virou ao ser abordado pelo guarda, dirigiu-lhe um olhar vazio e então desapareceu. Quando retornou esbaforido para a sede, o guarda estava soluçando como uma criança. A experiência tinha minado todo o seu conceito de realidade. Ele deixou o emprego por causa desse encontro.

O segurança estava totalmente despreparado para um encontro brusco com os fenômenos paranormais. Atualmente, disseram-me, ele é carcereiro em uma prisão. Trata-se obviamente de um homem que não tem medo de nenhum adversário físico. No entanto, uma experiência paranormal totalmente inofensiva causou-lhe um enorme choque psicológico. Porém, há maneiras de se preparar para esse choque.

Alguns caçadores de fantasmas acionam uma técnica de autodefesa psíquica antes de entrar em terrenos com um espírito potencialmente negativo. Isso envolve imaginar o corpo envolto por um escudo de luz branca protetora. Formado pelo pensamento, esse escudo pode ser não físico – mas os fantasmas também o são. Essas barreiras psíquicas podem ajudar a concentrar a força mental do indivíduo.

32. "ForstchenOrb": historiador e autor Dr. William R. Forstchen detectando alguma anormalidade com o L.E.M.U.R. no quarto mal-assombrado 545 do Grove Park Inn Resort & Spa em Asheville, Carolina do Norte, EUA. Cortesia de www.Forstchen.com

Outros caçadores de fantasmas conduzem um ritual coerente com seu sistema de crenças. Por exemplo, uma prece pode ser proferida antes de entrar em locais assombrados. Carregar objetos ligados à fé, como cruzes e Bíblias, também é comum. Tudo que simbolize as forças mental e espiritual do indivíduo pode ser benéfico. Faça qualquer coisa que lhe permita sentir-se confortável.

Caçadores de fantasmas novatos também se perguntam se os espectros podem segui-los até em casa. Isso raramente ocorre. Quando acontece, o indivíduo deve ordenar verbalmente ao espírito que volte para seu lugar. Sendo uma criatura física, você pode afirmar seu domínio sobre o mundo físico. Sua força mental pode mandar embora um fantasma. Normalmente, aqueles que sofrem de intrusões espirituais estão muito fracos para enfrentar os espíritos. No plano não físico, os pensamentos podem ser armas. Use os seus de maneira eficaz.

Além dos perigos psicológicos, existe, é claro, o perigo físico. Eu vi objetos físicos sendo manipulados por forças invisíveis em diversas ocasiões. O maior deles foi um medidor que pesava pouco menos de meio quilo. Foi durante uma investigação da L.E.M.U.R., e Brian Irish captou o incidente em vídeo. O medidor apontou leituras de energia fortes ao mesmo tempo em que era empurrado para a frente, e então sobre a lateral. Menos de meio quilo não pode parecer tão intimidador. No entanto, um espírito mais forte poderia movê-lo mais. Um vaso voando de uma prateleira alta poderia causar um sério estrago em sua cabeça. Não há muito mais que você possa fazer em relação a esse tipo de risco, exceto ficar atento ao ambiente que o rodeia. Se você está em uma área em que objetos possam significar um perigo, especialmente se eles estão posicionados de maneira instável, seja cauteloso.

Além disso, a presença de um fantasma é capaz, por vezes, de acender lâmpadas. Toda uma série de lâmpadas pode acender, marcando o caminho percorrido pelo espírito. Isso pode ser um indicador da poderosa energia do espectro sobrecarregando o delicado filamento. Em casos mais raros, as lâmpadas podem realmente estourar. Obviamente, isso representa um notável perigo. Vi lâmpadas que pegaram fogo espontaneamente por causa desse fenômeno. De fato, em locações extremas, dispositivos mecânicos e elétricos podem ser levados a entrar em combustão regularmente.

A chance de ser fisicamente atacado por uma entidade é extremamente baixa. Essas situações são tão raras que você provavelmente nunca passará por uma, a não ser que se torne um prolífico pesquisador de fantasmas. Um toque físico é bem mais comum, mas um ataque, no qual se pretendeu causar um inegável dano físico, é certamente a exceção das exceções. É ainda mais raro ouvir falar de uma pessoa estuprada ou molestada por uma entidade. De fato, esses casos são tão excepcionais que nenhum estudo completo do fenômeno foi realizado. O mais famoso episódio dessa atividade foi um caso transformado em filme: *O Enigma do Mal*, de 1982, estrelado por Barbara Hershey.

Naturalmente, todos se perguntam sobre essa coisa chamada "possessão". É possível um espírito entrar no seu corpo e controlar suas ações? Eu pesquisei numerosos relatos de pessoas que afirmam estar possuídas, e testemunhei diversos exorcismos. Em cada caso, o indivíduo afirmava que a presença o tinha enchido de medo e depressão, injetando pensamentos suicidas ou a vontade de fazer mal aos outros. Durante os exorcismos, vi pessoas gemer e suspirar por horas, crispando as feições, como se estivessem passando por uma agonia. Ouvi sons e linguagens estranhas brotarem de suas bocas, e vi seus corpos se encherem de uma emoção descontrolada. No entanto, nunca vi nada que não pudesse ser resultado de um bom trabalho de ator. Isso não quer dizer que não havia autenticidade na experiência; simplesmente não havia uma evidência objetiva que sugerisse uma possessão de verdade. E definitivamente nunca vi uma cabeça girar 180 graus e vomitar sopa de ervilha!

Ao mesmo tempo, eu com certeza vi a personalidade das pessoas se modificar, após um tempo, depois de elas se mudarem para casas assombradas ou terem um prolongado contato com locações ativas. Por exemplo, se a pessoa se muda para uma casa assombrada pelo fantasma de um bêbado, ela pode gradualmente tornar-se alcoólatra. Também vi pessoas se tornarem mais felizes quando o espírito tinha uma influência positiva. Não estou seguro quanto a chamar isso de possessão verdadeira, ou apenas alguém sendo manipulado pelo ambiente à sua volta. Se convive com criminosos, você pode se tornar um deles; se convive com pescadores, pode acabar pescando. É natural as pessoas serem influenciadas pelos que estão ao seu redor. Por que deveria ser diferente se essas influências vêm dos espíritos?

Se uma entidade suga suficientemente as energias de alguém, ela pode diminuir a resistência dessa pessoa até o ponto de deixá-la doente. As doenças podem ser agravadas em lugares assombrados. No pior dos cenários, como o apresentado pelo tristemente célebre episódio Bell Witch, de Adams, no Tennessee, alguém pode morrer em decorrência disso. No início do século XIX, Bell Witch era um espírito maléfico que aparentemente havia atormentado um homem, John Bell, até a morte. Ele sofreu uma série de problemas de saúde e manifestações físicas estranhas (como a língua dolorosamente inchada) até morrer.

EPÍLOGO

Neste ponto, você deve ter um sólido fundamento sobre as teorias e técnicas básicas que orientam os atuais caçadores de fantasmas. Naturalmente, ninguém sabe ao certo como a atividade dos fantasmas funciona. Ainda assim, é exatamente isso que torna a pesquisa paranormal tão excitante. Por esse motivo, os pontos de vista de um são conceitualmente tão bons quanto os de outro. Há um grande espaço para todas as perspectivas, opiniões e idéias. O mundo do desconhecido é um lugar criativo. Sua falta de definição fornece a lousa vazia na qual cada um de nós pode escrever suas próprias afirmações. No final, a verdade emergirá para a superfície, como sempre acontece. Ao testar cada teoria e hipótese, podemos pelo menos excluir as coisas que mostram ser ineficazes. A eliminação é uma importante chave para a descoberta.

Por pelo menos milhares de anos, os humanos tentaram descobrir um acesso direto para o campo espiritual. Muitos acreditam que um avanço desse tipo nunca ocorrerá. No entanto, por milhares de anos, os seres humanos tentaram inventar uma máquina de voar. Achava-se que era impossível, até que a descoberta revolucionou o mundo. Muitos pesquisadores preferem estudar coisas já descobertas, enquanto outros almejam a emoção da descoberta em si. Investigadores paranormais precisam se desenvolver com base na excitação inspirada pelo abismo da descoberta – aprofundando-se no vasto campo desconhecido que assoma a partir de nossas vidas familiares e rotineiras. O desconhecido é o campo de criação da esperança e da liberdade. Só ele abriga cada profundo desenvolvimento que nosso futuro trará.

À medida que investiga esse vasto universo, espero que você aborde cada nova situação de maneira respeitosa. Estamos todos no mesmo barco – tentando simplesmente sobreviver e entender nosso propósito. A vida o tratará do jeito que você a tratar, e você deve encarar cada dia com uma mente aberta e um coração faminto. Nunca queira saber todas as respostas. Nem todas são conhecidas. Seja na natureza, seja na sociedade humana, o mundo dos nossos sentidos é uma ilusão; você precisa olhar abaixo da superfície para encontrar a verdade final. Há muitas pessoas que prefeririam explicar os mistérios da vida com conjecturas infundadas a aceitar uma realidade complexa pelo que ela realmente é. Confio que você não será esse tipo de pessoa. Em vez disso, espero que seja um *explorador*.

Embora este guia toque apenas a superfície da pesquisa sobre fantasmas, você deve agora estar preparado para começar a estudar o mundo dos espectros. Aprendendo sobre a vida após a morte, vamos nos beneficiar de forma inestimável desta vida. Há montes de fantasmas, e a contribuição de cada mente é preciosa.

Tal como o mundo visível é sustentado pelo invisível, os homens, em meio a todos os seus infortúnios, pecados e sórdidas vocações, são alimentados pelas belas visões de seus sonhos solitários.

James Allen, *As a Man Thinketh*

APÊNDICE I

Diário de Investigação de Fantasmas

Data: _____
Seu nome: _____
Endereço da locação: _____
_____
Investigadores presentes: _____
Objetivo da investigação: _____
_____
Equipamento (circule): _____
Medidores   Medidor de temperatura   Varetas radiestésicas   Visão noturna
Máquina fotográfica   Amplificador de áudio   Gravador de áudio
Gerador eletrostático
Luz estroboscópica   Outro _____
Tipo de fotografia (circule):   Colorido padrão
Branco e preto   padrão Infravermelho   Ultravioleta
Tipo de filme (circule):   35mm   Polaróide   Digital   Outro
Tipo de vídeo (circule):   VHS   S-VHS   Hi-8   Betacam SP
Digital   Outro _____
Tipo de gravador de áudio (circule):   Analógico   Digital
Tipo de gerador eletrostático/eletromagnético (circule):
Wimshurst   Van de Graaff   Bobina de Tesla   Outro _____
Proprietário do local: _____
Número do telefone do proprietário: _____
O local tem estruturas? (circule)   Sim   Não
Em caso positivo, quantas? _____
Quais são as estruturas? _____
Qual é a estrutura mais velha? _____
Em que ano ela foi construída? _____

Como Caçar Fantasmas

O local está ocupado? (circule) Sim   Não
Quantos são os ocupantes? _____
Histórico digno de nota: _____

Fenômenos significativos observados nas investigações:

Hora   Observador(es)/Fenômenos
_____   _____
_____   _____
_____   _____
_____   _____
_____   _____
_____   _____
_____   _____
_____   _____
_____   _____
_____   _____
_____   _____
_____   _____
_____   _____
_____   _____
_____   _____
_____   _____
_____   _____
_____   _____
_____   _____
_____   _____
_____   _____
_____   _____
_____   _____
_____   _____
_____   _____
_____   _____
_____   _____

APÊNDICE II

Formulário de Entrevista para o Proprietário/Morador

Nome: _____

Eu sou o (circule): Proprietário   Morador   Outro _____

Endereço do local: _____
_____

Meu número de telefone: _____

Número de moradores: _____

Nomes e idades dos outros moradores: _____
_____

Há quanto tempo mora aqui? _____

Sua ocupação: _____

Sua idade: _____ (opcional)

Qual a idade da construção mais antiga erguida aqui? _____

Alguém morreu ou foi morto aqui? (circule)

Sim   Não   Não sei

Explique:
_____
_____
_____

História geral do local: _____
_____

Acredita em fantasmas? (circule)   Sim   Não   Indeciso

Acredita em fenômenos psíquicos? (circule)   Sim   Não   Indeciso

Já teve alguma experiência com fantasmas antes de vir para cá? (circule)

Sim   Não   Não sei

Explique: _____
_____

Como Caçar Fantasmas

_____
_____

Já experimentou fenômenos estranhos ou inexplicáveis aqui? (circule)
Sim   Não
Em caso positivo, quantas vezes?: _____
Explique: _____
_____
_____
_____
_____
_____
_____
_____
_____
_____
_____
_____
_____
_____
_____
_____
_____

FONTES DE EQUIPAMENTOS

V ocê pode conseguir mais informações sobre os equipamentos apresentados nos sites em inglês das empresas a seguir.

Medidores de Campos Eletromagnéticos
Less EMF, Inc.

www.lessemf.com

Câmeras Digitais e Câmeras de Vídeo
Sony Electronics, Inc.

www.sony.com

Tecnologia de Amplificação de Áudio
Silver Creek Industries, Inc.

www.silvercreekindustries.com

Geradores Eletrostáticos
Edmund Scientific

www.scientificsonline.com

Para mais informações, visite: www.lemurteam.com

GLOSSÁRIO DE TERMOS PARANORMAIS

Aparição – a forma visível de um fantasma.

Arauto – um fantasma do futuro que vem trazer um aviso de eventos iminentes.

Aura – um campo de energia que emana da matéria. É especialmente proeminente em torno de coisas vivas. Alguns afirmam vê-la em várias cores.

Caça-fantasmas – aquele que procura viver e documentar a atividade fantasmagórica.

Chi – termo chinês para designar a "força da vida" ou a energia biológica que é absorvida e pode ser manipulada para propósitos específicos (também chamada "ki").

Clarividência – a capacidade de obter conhecimento com base em intuição, visão ou vários sentidos psíquicos inexplicados.

Corpo etéreo – uma camada do corpo físico que imita o formato deste, mas é composta inteiramente de energia.

Distorção – um local onde as leis conhecidas da física nem sempre se aplicam e o espaço–tempo pode ser distorcido.

Doppelganger – palavra alemã usada para designar um fantasma do presente que parece idêntico a uma determinada pessoa viva, mas age diferentemente dela.

Duplo – um fantasma do presente que se parece com uma pessoa viva e age como ela.

Ectoplasma – qualquer substância física criada pela materialização de um espírito ou acompanhada por ela.

Energia eletromagnética – um híbrido de cargas elétricas e campos magnéticos que permeia a natureza.

Entidade – um fantasma interativo e consciente.

Escrita automática – a expressão de pensamentos subconscientes por meio de rabiscos.

Espiritismo – crença em um mundo espiritual e/ou a capacidade de se comunicar com os espíritos dos mortos.

Exorcismo – livrar uma pessoa ou um local de espíritos malignos por meio de rituais religiosos.

Experiência fora do corpo – quando uma consciência ultrapassa os limites do corpo físico (também chamada EFC).

Fantasma – algum aspecto paranormal da forma física e/ou presença mental que parece existir fora da forma física original.

FVE – acrônimo de "fenômeno da voz eletrônica"; captura de sons fantasmagóricos e/ou palavras em um gravador de áudio.

Impressão – a atividade fantasmagórica que parece não consciente e redundante.

Impressão de aniversário – uma impressão que geralmente se manifesta por volta da mesma época do ano.

Íon – um átomo ou molécula eletricamente carregado.

Leituras iniciais – as medições iniciais de energia feitas em um local assombrado, usadas para estabelecer o direcionamento de uma investigação.

Local assombrado – uma área em que a atividade de fantasmas ocorre com regularidade, especialmente por mais de um ano. Alguns pesquisadores se referem a locações atormentadas por impressões simplesmente como "assombradas".

Magnetosfera – o campo magnético que rodeia a terra.

Materialização – o processo pelo qual um espírito cria uma representação física de si mesmo no mundo físico.

Médium – alguém que possui a capacidade de se comunicar com os espíritos.

Momento original – a força inicial ou a energia necessária para criar movimento telecineticamente.

Natural – um fenômeno raro que parece relativo a fantasmas, mas que de fato é criado por alguma propriedade desconhecida da natureza presente.

Necromancia – interação com os mortos, particularmente com o propósito de comunicação ou ressurreição.

PES – acrônimo de "percepção extra-sensorial"; obtenção de informações sobre uma outra fonte que não sejam os cinco sentidos físicos (isto é, visão, olfato, audição, paladar e tato).

Pesquisa paranormal – o estudo dos fenômenos atualmente considerados inexplicados pelas ciências acadêmicas.

PK – abreviatura para "psicocinese" (veja Telecinese)

Poltergeist – palavra alemã que significa literalmente "fantasma barulhento"; uma entidade ou energia que apresenta uma interação sensacional com o ambiente físico, e se manifesta apenas quando um indivíduo ou indivíduos específicos estão presentes.

Ponto quente – um lugar em um local assombrado no qual a atividade é proeminente e/ou os campos de energia também estão concentrados.

Pontos frios – porções autocontidas de ar frio espalhadas por locais assombrados. Podem ser fantasmas que não conseguem se materializar totalmente.

Portal – um teórico portal de energia, através do qual os espíritos podem entrar ou sair de um local.

Possessão – o ato de ser física ou mentalmente controlado por forças espirituais, em geral negativas.

Precognição – ver ou conhecer atividade recebida do futuro usando PES.

Premonição – uma percepção psíquica de eventos futuros, em geral com um resultado negativo.

Projeção astral – a iniciação consciente de uma experiência fora do corpo.

Psi – um termo genérico e abrangente para "fenômenos psíquicos".

Psíquico – fenômenos baseados na PES e no espiritualismo; também, uma pessoa com o dom da PES.

Rabdomancia – interpretação dos movimentos de varetas, pêndulos e outros instrumentos semelhantes para obter informação (também chamado *adivinhação*).

Radiônica – o uso de ferramentas físicas para ajudar no acesso da PES de uma pessoa ou na sua interpretação.

Retrocognição – ver ou conhecer atividade do passado usando PES.

Revenant – termo que designa uma entidade que volta apenas algumas vezes depois da morte.

Sessão – um ritual realizado para se comunicar com espíritos dos mortos.

Sincronicidade – o produto de variáveis numerosas e aparentemente sem relação que se unem para criar um acontecimento comum ou uma notável "coincidência".

Telecinese – a capacidade de controlar o ambiente físico de alguém sem usar força ou manipulação física (também conhecida como *psicocinese*).

Telepatia – o processo pelo qual uma mente pode se comunicar diretamente com outra sem uso de interação psíquica normal ou da percepção sensorial comum.

BIBLIOGRAFIA

ANDREWS, Ted. *How to See and Read the Aura*. St. Paul, MN: Llewellyn Publications, 1991.

AUERBACH, Loyd. *ESP, Hauntings and Poltergeists: A Parapsychologist's Handbook*. Nova York: Warner Books, 1986.

_____. *Mind Over Matter*. Nova York: Kensington Books, 1996.

BECKER, Robert O., M.D. e Gary Seldon. *The Body Electric: Electromagnetism and the Foundation of Life*. Nova York: William Morrow & Co., Inc. 1985.

COHEN, Daniel. *The Encyclopedia of Ghosts*. Nova York: Avon Books, 1984.

COSIMANO, Charles W. *Psychic Power*. St. Paul, MN: Llewellyn Publications, 1987.

_____. *Psionic Power*. St. Paul, MN: Llewellyn Publications, 1989.

EVANS, Hilary e Patrick Huyghe. *The Field Guide to Ghosts and Other Apparitions*. Nova York: Quill, 2000.

EYSENCK, Hans J. e Carl Sargent. *Explaining the Unexplained: Mysteries of the Paranormal*. Londres: PRION, 1993.

HAINING, Peter. *A Dictionary of Ghosts*. Grã-Bretanha: Robert Hale, Ltd., 1982.

HALVERSON, William H. *A Concise Introduction to Philosophy*. Nova York: McGraw-Hill, Inc., 1981.

HARTH, Erich. *Windows on the Mind*. Nova York: William Morrow & Co., Inc., 1982.

KLEIN, Aaron E. *Beyond Time and Matter*. Nova York: Doubleday & Company, Inc., 1973.

LeCRON, Leslie M. *Self-Hypnotism*. Nova York: Signet, 1964.

LINDGREN, Dr. C. E. "Capturing Your Aura on Film", *FATE* (janeiro de 1995): 32.

MAUREY, Eugene. *Exorcism*. West Chester, Pensilvânia: Whitford Press, 1988.

PEARCE, Q. L. e Phyllis Emert. *50 Scariest Places and Strangest Mysteries*. Nova York: Barnes & Noble, 1995.

Psychic Powers (Mysteries of the Unknown). Richmond, Virgínia: Time-Life Books, 1987.

SAGAN, Carl. *The Demon-Haunted World*. Nova York: Ballantine Books, 1996.

SHELDRAKE, Rupert. *Seven Experiments That Could Change the World*. Nova York: Riverhead Books, 1995.

WARREN, Joshua P. *Haunted Asheville*. Asheville, Carolina do Norte: Shadowbox Publications, 1996.

ÍNDICE REMISSIVO

Aborto, 8
Adams, Tennessee, 207
Agentes, 93, 95, 98
Água benta, 199
AIDS, pesquisa da, 10
Allen, James, 210
Alucinações, 42-43, 66
Amarelo, em auras, 26
Amplificadores de áudio, 174-176
Amputados, 20
Análise histórica, 129
Anderson, Andy, 105-106
Anotações de pesquisa, 136-137
Aparições. *Veja* Fantasmas
Arautos, 72-73
Arquivo X (série de televisão), 101-102
Arrepios gelados, 48-49, 50
As a Man Thinketh (Allen), 210
Assombrações, 70
Assombrado, uso do termo, 75, 76
   Atividade poltergeist, 12, 93-98, 107, 108, 115
   definição, 94
   qualidade da, 98
   significado do termo, 93
   telecinese e, 94, 97
Átomos, 15, 50-52
Auras
   cores da, 247-28, 65-66
   fotografia Kirlian e, 18
Aurora astral, 126

Aurora austral, 123-124
Aurora boreal, 123-124
Automatismo, 194, 195, 197
Azul, em auras, 26

Baterias e pilhas, 137-138
Bell Witch, episódio de, 207
Bell, John, 207
Bíblia Sagrada, 5, 204
Bingham, Joe, 20
Bionic Ear & Booster, 175
Bobina de Tesla, 177
Branco, em auras, 27
Brown Lady of Raynham Hall, 156, 157-158
Brown Mountain, Floresta Nacional de Pisgah, Carolina do Norte, 99-103
Buckle, H. T., 113
Buracos negros, 91-92
Buscadores de vingança, 44-45
Bússolas, 193-140

CA (corrente alternada), 49, 140, 179
Cabelos eriçados, 52, 53, 55-56
Caça a fantasmas, 113-118. *Veja também* Investigações de fantasmas
   análise histórica, 129
   aspectos jornalísticos de uma, 133-134
   clima para, 128
   encontrando fantasmas, 127-133
   equipamento para. *Veja* Equipamento

experiência semi-real e experiência totalmente real, 131-133
hora do dia para, 123, 128
razões para, 113-118
Cachorros, 68
Câmera estéreo Argus 3D, 158-159
Câmeras. *Veja também* Fotografias
3-D, 158-162
aura, 24
correias, 152
de vídeo, 59, 60, 102, 163-166
digital, 144-146, 149, 154
filme, 144-146
flash, 152
fotográficas, 144-163
instantâneas, 145
luz estroboscópica, 148
luz infravermelha, 144, 145, 149, 151, 154, 163, 166, 173
velocidades do obturador, 146-149
Câmeras de vídeo, 59, 60, 102, 162-163
Câmeras digitais, 144-146, 149, 154
Câmeras fotográficas, 144-163
Câmeras instantâneas, 145
Câmeras instantâneas polaróide, 145
Câmeras para fotografar a aura, 24
Cameron, James, 162
Campos de energia artificiais, 141-143
Campos magnéticos. *Veja* Energia eletromagnética
Canalização, 116
Capacitores, 91
Categoria de assuntos inacabados, 43-45, 199
Caubóis, 54
Cavalos, 68, 69
CCD. *Veja* Dispositivo acoplado carregado (CCD), 67
CD (corrente direta), 49, 140
Cegueira para cores (ou daltonismo), 40, 65
Celacanto, 8
Células, 15

Cemitérios, 119-121
CEMs. *Veja* Campos eletromagnéticos (CEMs)
Cérebro, como sede de consciência, 21
Cerimônias de casamento, 198-199
Cheiros, 62-63
Chi (ki), 30-31
Cinza, em auras, 27
Clarividência, 82
Cláusula de confidencialidade, 185
Coincidência, 38
Comida e bebida, como equipamento, 180-181, 187
Companhia Copernicus, 17
Comprimentos de onda, 150-151
Computadores, 184
Comunicação com os espíritos, 46, 116-117, 191-197
Conexões, 37-38
Consciência culpada, 45
Consciência, 41
Contato visual, 22
Contrato de isenção de responsabilidade, 185
Cores da aura, 24-28, 65
Corpo astral, 70
Corpo etéreo, 16-18, 20, 21-22, 61, 70
Corpo humano, 15-17, 19-22
Cristandade, 13-14
Cristóvão Colombo, 89

Demon-Haunted World, The (Sagan), 7-8
Descartes, René, 40
Deslizamento temporal, 89
Desumidificadores, 176-177, 200
Determinismo, conflito entre liberdade 80-81
Detetores de campos de energia, 66
Dia das Bruxas, 122-123
Dinossauros, 69
Dispositivo acoplado carregado (CCD), 146, 163-165
Dispositivos psiônicos, 194-195

Índice Remissivo

Distorções, 12, 87-92, 108, 115, 128
   definidas, 90
   qualidades das, 91-92
Doppelgangers, 72
Dourado, em auras, 27
Duell, Charles, 7
Duplos, 71-72
Duplos fantasmas, 71-72
DVDs, 178

Ectoplasma, 52-53
Edison, Thomas, 139, 197
Edmund Scientific, 177
EFCs. *Veja* Experiências fora do corpo (EFCs)
Efeito fotelétrico, 91
Efeito halo, 53-54, 125
Egípcios antigos, 94
Einstein, Albert, 77, 79, 91, 115
Eletricidade estática. *Veja* Energia eletrostática
Elétrons, 15-16, 51-52
Energia eletromagnética, 15-17, 20-21, 22-24, 30-31, 55, 84, 90, 103, 128, 129, 133, 139-143
Energia eletrostática, 17, 48-50, 54-59, 62, 63, 84, 108, 128, 175-176, 193
Energia psíquica, 23
Enigma do Mal, O (filme), 206
Entidades, 12, 15-73, 107-109
   animais, 68-69
   auras:
      cores da, 24-28, 65
      fotografia kirlian e, 17-19
   definição, 15
   em distorções, 90
   interação com o mundo físico, 45-68
   morte, 39-42
   PES coletiva e sincronicidade, 36-38
   qualidades das, 72-73
   razões para ficar por perto, 42-46
   telecinese, 28-33, 37, 94
      atividade poltergeist e, 93-94, 97, 98
      desenvolvimento da capacidade, 30-33

impulso original, 29, 30
telepatia, 34-37
   ligação pais-filhos, 34, 71
   prece como, 34
   testando, 35
   tipos de, 68-73
Equipamento, 128-129, 135-184
   amplificadores de áudio, 176-178
   baterias e pilhas, 137-138
   bússolas, 139-140
   Câmeras de vídeo, 59, 60, 101-102, 163-166
   câmeras fixas, 144-163
   comida e bebida, 180, 188
   computadores, 181-182
   fontes, 215
   Geradores de tons, 179-180
   gravadores, 137, 165-166, 187
   kits de primeiros socorros, 180
   lanternas, 137
   luzes estroboscópicas, 148, 178-179
   medidores de campos eletromagnéticos (CEMs), 140-144
   medidores de infravermelho, 166
   miras de visão noturna, 172-175
   notebook e utensílios para escrever, 136-137
   personalizando, 180-181
   pó e plástico preto, 171
   Relógios, 138-139
   telefones celulares, 171
   Termômetros, 169-171
   varetas radiestésicas, 167-168
   Walkie-talkies, 170-171
Era da Exploração, 53
Era vitoriana, 52
Escrita automática, 195-196
Esferas, 61
Espectro eletromagnético, 149-151
Espelhos, 129, 165, 201
Espiritismo, 52-53, 162
Estações de rádio e televisão, 35, 83
Estereótipos de fantasmas, 12
Estroboscópios, 178

Evans, Hilary, 69
Eventos de pulo, 78-79
Evidência objetiva, 3, 4, 66, 67, 116, 128, 131-133
Evidência subjetiva, 65-67, 116, 130-132
Existência
    da mente, 39-42
    percepção da, 79
Exorcismo, 116, 198, 206
Experiência semi-real, 131-133
Experiência totalmente real, 132-133
Experiências fora do corpo (EFCs), 70-71
Experimento Hafele-Keating, 79-80
Experimentos da Guerra Fria, 28

Falhas geológicas, 88
Fantasmas. *Veja também* Caça a fantasmas; Investigação de fantasmas
    atividade poltergeist, 12, 93-98, 107, 108, 115
        definição, 94
        qualidade de, 98
        significado do termo, 93
        telecinese e, 94, 96, 97
    cinco categorias básicas de atividades, 12
    comunicação com, 45-46, 116-117, 191-197
        escrita automática, 195-196
        pêndulos, 196-197
        sensitivos, 192-194
    tábuas de Ouija, 194-195
    definição, 3-4, 11-12
    distorções, 12, 87-89, 108, 115, 128
        definição, 90
        qualidades 91-92
    entidades. *Veja* Entidades
    estereótipos 12
    impressões, 12, 63, 75-85, 107-109, 114, 133
        de aniversário, 77
        qualidades de, 85
    locais assombrados, 56, 57-59, 63-65 75-76
        atividade poltergeist, qualidade da, 94-97
        distorções, 87, 92
        encontrando fantasmas, 127-133
        espelhos em, 129
        limpeza de atividade em, 198-201
        pontos de atividade em, 128-129, 142, 186
    medo, 12
    naturais, 12, 91, 99-105, 108, 115-116
        definição, 99, 104-105
    personalidades de, 12
    proteção contra, 203-207
Fases da Lua, 125-126
Fate (revista), 114
Fenômeno da folha fantasma, 18-20, 42
Fenômeno de voz eletrônico (FVE), 165-166
Fenômeno do membro fantasma, 19-20, 60
Field Guide to Ghosts and Other Apparitions, The (Evans and Huyghe), 69
Filme, negativos, 145, 146
Fitas de áudio, 66, 82
Floresta Nacional de Pisgah, Carolina do Norte, 99-103
Fogo fátuo, 53-54
Ford, R. A., 180
Formas de luz tridimensionais, 48-49, 54, 58
Formulário de entrevista para o proprietário/morador, 185-188, 213-214
Fotografia 3-D, 158-161
Fotografia Kirlian, 17-19, 54
Fotografia ultravioleta, 149-151
Fotografias, 66-67, 117-118, 131-132. *Veja também* Câmeras
    de névoas, 154-157
    de orbes, 152-154

Índice Remissivo

falsas, 162, 192
  ultravioletas, 149-151
Fox, Casey, 24
Fumaça de cigarro, 152
Fumar, 152
Futuro, conceito de, 78-82
Futuro, Fantasmas do, 72-73
FVE. *Veja* Fenômeno de voz eletrônico (FVE)

Gaiola de Faraday, 34-35
Gatos, 69
Gein, Ed, 45-46
Gerador de tons, 179
Geradores de eletricidade estática Van de Graaff, 49-50, 57-58, 175-176
Geradores de eletricidade estática Wimshurst/Bonnetti, 49-50, 57-58, 176
Geradores de íons negativos, 177
Geradores eletrostáticos, 49-50, 58, 175-17818
Gibson, Walter (Maxwell Grant), 84
Gravadores, 137, 165-166, 186, 187
Grove Park Inn Resort and Spa, Asheville, Carolina do Norte, 59-60
Guerra Civil Americana, 81

Harth, Erich, 41
Hawking, Stephen, 91
Hedonismo, 39-40
Hershey, Barbara, 206
Histórias de fantasmas, 108, 119, 122
Holandês Voador, O (navio fantasma), 5, 75
Homem Invisível, O (filme), 57
Homemade Lightning (Ford), 180
Houdini, Harry, 192
Human-Powered Light Bulb, 17
Huyghe, Patrick, 69
Imortalidade, desejo de, 113
Impressões, 12, 63, 75-85, 107-109, 114
  de aniversário, 77
  qualidades das, 85

Impulso original, 29, 30
Índios Catawba, 99-100
Índios Cherokee, 99-100
Índios norte-americanos, 76, 99-100, 103
Infinite video imaging (IVI), 164-166
Interferômetros quânticos supercondutores (SQUIDs), 16
Investigação de fantasmas. 183-190
  cláusula de confidencialidade, 185
  contratos de isenção de responsabilidade, 185
  diário de investigação, 186, 211-212
  formulário de entrevista para o proprietário/morador, 185-188, 213-214
  leituras iniciais em, 187
  número de membros da equipe, 186
  perguntas básicas a serem feitas, 184-185
  relatórios escritos, 188
  remuneração para, 189
  sinopse de um exemplo típico de, 184-190
Ionosfera, 124, 125
Íons, 48, 52, 56, 63, 176, 177
Irish, Brian, 60, 102, 206
IVI. *Veja* Infinite video imaging (IVI)

Jarra de Leyden, 91
Jó, Livro de, 5
Junções Josephson, 15-16

Ki (chi), 30-31
Kill One, Kill Two (Anderson), 101-102
Kirlian, Semyon Davidovitch, 17
Kirliana, Valentina, 17
Kits de primeiros socorros, 180
Kleist, Ewald Georg von, 91
Kulagina, Nina, 28

L.E.M.U.R. (League of Energy Materialization and Unexplained phenomena Research — Liga de Pesquisa de Materialização de Energia

e Fenômenos Inexplicados), 61, 102, 205
Web site da, 143, 199, 215
Labaredas classe C, 125
Labaredas classe M, 125
Labaredas classe X, 125
Labaredas solares, 125
Laboratório Nacional de Oak Ridge, 101
Lanternas, 137
Laranja, em auras, 24, 25
Lei da Conservação de Energia, 39, 42
Leituras iniciais, 187, 189
Levitação, 16
Liberdade, conflito entre determinismo e, 80-81
Limpeza, 198-201
Locais assombrados, 55, 57-59, 63-65, 76
    atividade poltergeist, qualidade da, 94-97
    distorções, 87-92
    encontrando fantasmas
    espelhos em, 129
    limpeza de atividade, 198-201
    pontos de atividades em, 128-129, 143, 186
Lua, fases da, 125-126
Lugares sagrados, 90-91
Luz infravermelha, 144, 145, 149, 150, 154, 164, 166, 173
Luzes estroboscópicas, 148, 178-179
Luzes fantasmas, 99-1037
Luzes fluorescentes, 179

Magnetos, 15-16, 46-48, 99, 128, 140
Magnetosfera, 123-125
Máquinas de Raio Violeta, 177-178
Marés, 125-126
Marrom, em auras, 26-27
Mary Poppins (filme), 33
Medidor de temperatura sem contato, 169-170, 171
Medidores de campos eletromagnéticos (CEMs), 140, 144, 215

Medidores de infravermelho, 166
Medidores de voltagem, 143-144
Médiuns, 45-46, 52-53, 116, 192
Memória do lugar/assombração residual do lugar, 76
Mente e corpo, conexão entre, 21-22, 29, 29-30, 33-34, 40-41, 46, 80-81, 107
Mente, existência da, 39-42
Método científico, 4, 183
Microondas, 36, 151
Microscópio, invenção do, 7-8, 127
Miras de visão noturna, 172-173
Moléculas, 15, 21, 51
Moral, 113
Morte Negra, 144-115
    Morte, 39-42
    em uma idade tenra, 42-43
Mudanças hormonais nas adolescentes, 94, 95
Mulheres adolescentes, 94, 95

Naturais, 1, 91, 99-, 105, 108, 115-116
    definição, 99, 104-105
Navalha de Ockham, 6
Navios fantasmas, 5, 75
NCH Swift Sound, 179-180
Necromancia. *Veja* Comunicação com os espíritos
Nêutrons, 15-16
Névoa, 156-157
Névoas, 58-59, 61, 62
    fotos de, 155, 157
Newton, Isaac, 45
Notebook e utensílios para escrita, 136-137

O Sexto Sentido (filme), 45
Objetos que se movem, 48, 54-55
Observação de superfície, 78
Observatório Naval dos Estados Unidos, 79
Ondas de rádio, 35, 83, 127-128, 11, 151, 171
Ondas eletromagnéticas, 35, 36, 83
Ondas estacionárias, 179-180

Índice Remissivo

Orbes, 58-63
   fotos de, 152-154
ORION (Oak Ridge Isochronous Observation Network — Rede de Oservação Isócrona de Oak Ridge), 101
Os Caça-Fantasmas (filme), 53
Ozônio, 63, 177

Parapsicólogos, 11
Passado, conceito de, 78-82
Passado, Fantasmas do, 69-70, 72-73
Pegadas, 171, 186
Pêndulos, 196-197
Percepção extra-sensorial (PES), 11, 23
   coletiva, 36-38
PES coletiva, 36-38
PES. *Veja* Percepção extra-sensorial
Pesquisa de fantasmas. *Veja também* Investigação de fantasmas
   a religião em relação com a, 13-14
   início da, 11
   terminologia da, 11
Pesquisa médica, 9-10, 11
Pesquisa paranormal
   charlatães em, 10
   definição, 6-7
   implicações da, 11
   necessidade da, 8
Pesquisa psíquica, 11
Pessoa viva, fantasma de uma, 70-72
Piezeletricidade, 102-103
Pirâmides, 90-91
Plantas e animais, linha de separação entre, 41
Plasma, 21, 51-53, 84
Pó e plástico preto, para pegadas, 171
Pontos de atividades, 128-129, 143, 186
Pontos frios, 169-170
Portais, 90
Possessão, 206
Povo das sombras, 178-179
Pragas, 114

Praticantes de artes marciais, 30-31
Prece, 34
Precognição, 82
Premonições, 34
Presente, conceito de, 78-82
Presente, Fantasmas do, 70-72
Preto, em auras, 27
Prodígios, 23
Projeção astral, 70-71
Proteção contra fantasmas, 203, 207
Prótons, 15, 51
Pseudociência, 8
Psicocinese. *Veja* Telecinese.
Purificadores de ar de íons, 177
Púrpura, índigo ou violeta, em auras, 24-26

Quartzo, 102

Radiação Hawking, 91
Rains, Claude, 57
Raios gama, 151
Raios X, 38, 154
Raynham Hall, Norfolk, Inglaterra, 157
Relâmpago, 49, 52, 62-63
Relatividade Especial, Teoria da, 79
Relatórios escritos de investigações de fantasmas, 188
Religiões, 42, 122
   conceito de vida depois da morte e, 13-14, 39-40, 66, 113
   em relação com a pesquisa de fantasmas, 5, 13-14
Relógios, 138-139
Remuneração para a investigação de fantasmas, 189-190
Retrocognição, 82
Revenants, 69-70
Rhine, J. B., 11
Roosevelt, Eleanor, 191

Sagan, Carl, 7-8
Sagee, Emilie, 71-72

Sal, aspersão, 201
Saneamento, 114
Sensação de toque, 50, 54-55
Sensitivos, 192-194
Sentidos físicos, 40-41
Sessões, 52, 192
Silver Creek Industries, Manitowoc, Wisconsin, 175-176, 215
Sincronicidade, 38
Singularidade, 91
Sistemas de apoio à vida, 8-9
Sites de leilão, 181
Smithsonian Institution, Washington, DC, 101
Software de áudio CoolEdit, 179-180
Sol, radiação do, 123-125
Sombra, O (Grant), 84
Sonhos, 65
Sons (vibrações), 62
Sons infra-sônicos, 175
Sons subsônicos, 175
Sons ultra-sônicos, 175
SQUIDs. Veja Interferômetros quânticos supercondutores (SQUIDs)
Star Wars (filme), 33
Stratton, Rick, 89

Tábuas de Ouija, 46, 194-195
Tecnologia nuclear, 10
Telecinese, 28-33, 37, 94
    atividade poltergeist e, 94, 97
    desenvolvendo a capacidade, 33-34, 71
    impulso original, 29, 30
    testes de, 29
Telefones celulares, 171
Telepatia, 34-37, 82
    Ligação pais-filhos, 33-34, 71

Prece como, 34
Testando, 35
Tempo, conceito de, 77-80, 81-84, 115
Teoria da Relatividade Especial, 79-80
Terminologia de pesquisa de fantasmas, 11
Termômetros, 169-171
Terra, órbita da, 88
Tesla, Nikola, 177
Titanic (navio), 162
Toque da morte, 31
Triângulo das Bermudas, 88-89
TriField Natural EM Meter, 141
Trovão, 62

Umidade, 56, 176-177
Umidificadores, 200-201
União Soviética, 28
United States Geological Survey, 101
Universidade de Nijmegen, 16

Varetas radiestésicas, 167-168
Velocidades do obturador, 146-149
Vento iônico, 50-57
Verde, em auras, 26
Vermelho, em auras, 26
Véu rarefeito, 90
Viagem pelo tempo, 82, 83, 115
Vida após a morte, conceito de, 13, 14, 39-40, 66
Visão periférica, 178-179

Walkie-talkies, 170-171
WhiteGate Inn and Cottage, Asheville, Carolina do Norte, 60
Windows on the Mind (Harth), 41
World Trade Center, Nova York, 45
Wright, James, 70-71

Livros do Nosso Catálogo

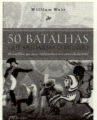

50 Batalhas que Mudaram o Mundo
Os conflitos que mais influenciaram o curso da história
Willian Weir
ISBN 85-89384-06-3
páginas 434

Listadas por ordem de importância desde 490 a.C. até os dias de hoje, o livro, celebra as batalhas que mais impactaram a história mundial. Além das batalhas, que tiveram importância vital na formação cultural e geográfica dos povos e das nações, o livro faz uma análise das razões e conseqüências dos conflitos terem acontecido.

Tentativas, Atentados e Assassinatos que Estremeceram o Mundo
Stephen J. Spignesi
ISBN 85-89384-35-7
páginas 300

Trata de homicídios e tentativas de assassinato de celebridades, figuras políticas, líderes religiosos e outros grandes personagens. Cada capítulo traz o relato envolvente de um assassinato ou atentado, com todos os detalhes sobre o assassino, a vítima, as circunstâncias da agressão, as conseqüências judiciais, além de outras curiosidades.

O Livro dos Vampiros
J. Gordon Melton
ISBN 85-89384-02-0
páginas 1.100

Nesta nova edição revisada e ampliada de "O Livro dos Vampiros", que inclui mais de 200 imagens, muitas delas inéditas; mais de 30 fotos coloridas, e mais de 100 novos verbetes, Melton aprofunda-se nas tradições, mitos e relatos verídicos sobre os vampiros e suas lendas no mundo todo. Cobre, também, os aspectos históricos, literários, mitológicos, biográficos e populares de um dos temas mais envolventes que se conhece. Lançada pela primeira vez em 1996, a obra de J. Gordon Melton tornou-se best-seller e foi eleita "a melhor obra de não-ficção sobre vampiros do século".

Sangue, Suor & Lágrimas
Richard Donkim
ISBN 85-89384-14-4
páginas 416

A obra, uma envolvente História do Trabalho, dos tempos pré-históricos à atualidade, apresenta análises, teorias, desenvolvimento e distintas práticas. Resultado de pesquisas detalhadas realizadas pelo autor em todo o mundo, demonstra com clareza as profundas modificações da estrutura e das relações do trabalho.

Quem Mexeu no Meu Sabonete?
Andy Borowitz
ISBN 85-89384-27-6
páginas 120

"Quem Mexeu no Meu Sabonete?", é um relato emocionante e verdadeiro de um CEO americano, que após efetuar algumas transações financeiras, de um certo modo "criativas" e estranhas, coloca em risco o capital aplicado por investidores, gerando lucros astronômicos em benefício próprio. Pego com a "Mão na massa" é condenado a cumprir pena em uma Penitenciaria de segurança máxima. Seu grande desafio é conviver com bandidos e criminosos de todas as classes e artigos do Código Penal. O livro narra a saga deste Executivo tentando sobreviver com dignidade e livre das ameaças e hostilidades que a Penitenciaria propicia.

Longitude Corporativa
Leif Edvinson
ISBN 85-89384-19-5
páginas 220

A ascensão da Economia do Conhecimento evidenciou uma discrepância entre os atuais sistemas dos relatórios financeiros e a avaliação dos ativos intelectuais. As corporações modernas normalmente se orientam com base em uma única coordenada: a financeira. Essa é a latitude corporativa. O problema é que ela só proporciona uma visão parcial do quadro. A outra coordenada-chave – a longitude corporativa – está faltando. É necessário que haja algum método para medir a longitude – ou, dito de outra forma, de mensurar o capital intelectual.

A Economia do Hidrogênio
Jeremy Rifkin
ISBN 85-89384-03-9
páginas 301

Em seu mais recente livro "A Economia do Hidrogênio", o polêmico economista americano Jeremy Rifkin prevê o surgimento de uma nova revolução econômica. Com o fim dos combustíveis fósseis, a energia reciclável do hidrogênio pode ser a grande virada da humanidade. Ele prevê uma economia sustentada pela criação de uma nova fonte de energia e a redistribuição do poder, fatores que mudarão definitivamente as instituições econômicas, políticas e sociais, como vemos hoje, assim como transformaram o mundo o carvão e a máquina a vapor na Revolução Industrial.

O Fim dos Empregos
Jeremy Rifkin
ISBN 85-89384-51-9
páginas 388

Neste livro indispensável, perturbador e todavia esperançoso, Rifkin afirma que estamos adentrando uma nova fase na história – uma fase caracterizada pelo declínio contínuo e inevitável do nível de empregos. Computadores sofisticados, robótica telecomunicações e outras tecnologias da Era da Informação estão rapidamente substituindo os seres humanos em praticamente todos os setores e mercados. Fábricas e empresas virtuais quase despovoadas assomam no horizonte.
Rifkin alerta que o fim dos empregos pode constituir o colapso da civilização como a conhecemos, ou assinalar os primórdios de uma grande transformação social e um renascimento do espírito humano.

São Paulo, 450 razões para amar
Milton Mira de Assumpção Filho e Ernesto Yoshida
ISBN 85-89384-29-2
páginas 210

São Paulo, 450 Anos! Quatrocentas e cinqüenta manifestações de carinho, reconhecimento e agradecimento por tudo que esta cidade nos proporciona e continuará nos proporcionando através dos tempos. O livro homenageia os 450 anos de São Paulo através de depoimentos de 450 personalidades.

Diários de Anorexia
Linda M. Rio e Tara M. Rio
ISBN 85-89384-33-0
páginas 234

"Diários da Anorexia" é uma história verídica de como a ausência de comunicação e o descuido com os problemas dos filhos podem gerar grandes transtornos em uma família. A filha anoréxica passa mensagens cifradas. A mãe, muito mais preocupada com seus próprios problemas, não percebe. São personagens reais, de uma família comum, enfrentando a anorexia, doença que atinge muitas pessoas, principalmente mulheres, independentemente de idade, aparência ou sucesso de vida.

O Que Seu Médico Não Sabe sobre Medicina Nutricional Pode Estar Matando Você
Ray D. Strand
ISBN 85-89384-45-4
páginas 232

Baseando-se em pesquisas extensivas extraídas de mais de 1.300 estudos clínicos, o médico Ray D. Strand, esclarece o papel crítico que a medicina nutricional desempenha na qualidade de vida e saúde das pessoas. O livro mostra ainda a relação direta da alimentação com as doenças mais devastadoras que envolvem o ser humano, tais como diabetes, câncer, doenças do coração, próstata, fadiga crônica, esclerose múltipla e muitas outras.

Liderança para Gerentes e Executivos
Alex Hiam
ISBN 85-89384-42-X
páginas 264

Amparado em uma fábula sobre um cavalo que conduzido por um menino, recusava-se a beber água, o livro do autor Alex Hiam apresenta insights inovadores para a solução de problemas de relacionamento, motivação e comprometimento entre líder e subordinados. O título contém dicas e idéias práticas para se descobrir e aproveitar o talento dos funcionários, conseguindo, assim, obter deles o máximo em resultados, contribuição e fidelidade.

Visite Nosso Site
www.mbooks.com.br

CADASTRO DO LEITOR

- Vamos informar-lhe sobre nossos lançamentos e atividades
- Favor preencher todos os campos

Nome Completo (não abreviar):

Endereço para Correspondência:

Bairro: Cidade: UF: Cep: -

Telefone: Celular: E-mail: Sexo: ☐ F ☐ M

Escolaridade:
☐ 1º Grau   ☐ 2º Grau   ☐ 3º Grau   ☐ Pós-Graduação
☐ MBA   ☐ Mestrado   ☐ Doutorado   ☐ Outros (especificar):

Obra: **Como Caçar Fantasmas – Joshua P. Warren**

Classificação: **Sobrenatural / Paranormal / Mistério**

Outras áreas de interesse:

Quantos livros compra por mês?: _____ por ano?

Profissão:

Cargo:

Como teve conhecimento do livro?
☐ Jornal / Revista. Qual?
☐ Indicação. Quem?
☐ Internet (especificar *site*):
☐ Mala-Direta:
☐ Visitando livraria. Qual?
☐ Outros (especificar):

Enviar para os faxes: **(11) 3079-8067/(11) 3079-3147**

ou e-mail: **vendas@mbooks.com.br**

M.BOOKS

M. Books do Brasil Editora Ltda.

Av. Brigadeiro Faria Lima, 1993 - 5º andar - Cj 51
01452-001 - São Paulo - SP Telefones: (11) 3168-8242/(11) 3168-9420
Fax: (11) 3079-3147 - e-mail: vendas@mbooks.com.br

DOBRE AQUI E COLE

CARTA – RESPOSTA
NÃO É NECESSÁRIO SELAR

O selo será pago por
M. BOOKS DO BRASIL EDITORA LTDA

AC Itaim Bibi
04533-970 - São Paulo - SP